Le cristal
et ses pouvoirs

Louise Courteau, éditrice inc.
7433, rue St-Denis
Montréal, Québec, Canada
H2R 2E5

Illustration de la couverture : *Aube violette*, de Dominique Fihey
(60 × 80 cm). Collection privée.

Typographie : TAPAL'œIL

1er tirage, mars 1990
2e tirage, décembre 1990

Dépôt légal : premier trimestre 1990
Bibliothèque nationale du Québec
Bibliothèque nationale du Canada
Bibliothèque nationale de Paris
Library of Congress, Washington, D.C.

ISBN : 2-89239-107-5

Gaëtan Sauvé

Le cristal
et ses pouvoirs

Louise Courteau
éditrice

Remerciements

Je dédie ce livre à ma complice, Lucie Internoscia. Sans elle, ce livre n'aurait pas vu la lumière.

Un gros merci à ma mère, Jeannine, et à mes « deux familles » pour toute l'aide et l'encouragement qui ont permis à mon projet de se cristalliser.

Un merci tout spécial à Pascal R. Internoscia, c.g.a. de Gestion Terfatech Inc., pour les conseils et l'aide apportée.

Merci aux devatã des cristaux qui, à chaque jour, me font découvrir toute la richesse qu'ils portent en eux.

Table des matières

Avertissement

Il est rare de voir, au début d'un livre, un avertissement qui met en garde le lecteur. Mais je tiens absolument à le faire, autant pour le bénéfice du lecteur que pour celui de la collectivité. Si vous n'êtes pas bien préparé, cet ouvrage peut bouleverser votre vie. Je voudrais donner un avertissement très clair à tous ceux qui voudraient faire un mauvais usage des techniques avec les cristaux. Ceux-ci ont généralement la propriété de retourner à l'utilisateur toute énergie envoyée à autrui. Si vous voulez envoyer du mal à quelqu'un, soyez assuré que cette même énergie vous reviendra mais amplifiée, donc extrêmement nocive pour vous. Il existe des techniques spéciales pour se protéger, mais je ne suis nullement intéressé à les divulguer à qui que ce soit.

Travaillez avec le cristal en vous servant de la règle d'or : « **Ne faites pas aux autres ce que vous ne voulez pas que les autres vous fassent.** » En suivant cette règle, vous serez en accord avec les lois cosmiques qui régissent cet univers.

N'oubliez surtout pas, en effectuant n'importe quel travail avec les cristaux, cette règle fondamentale : **les cristaux amplifieront la loi de cause à effet, que d'aucuns appellent aussi karma.** *Tout ce que vous ferez vous sera retourné.* **Utilisez les cristaux avec sagesse, ils vous retourneront cette force.**

Préambule

Il y a très, très longtemps, au moment même de la création, eut lieu une réunion des anges du plus haut rang. L'archange suprême avait reçu un immense cristal de quartz, le plus pur de toute la création. Tout le monde était ébloui par sa pureté et la lumière dorée qui émanait de la pointe du cristal.

L'archange expliqua alors à tous les anges que ce cristal était la dernière création que Dieu avait faite avant de se reposer. « Tous les secrets de la création et de l'Énergie-Une qui a servi à construire le monde sont à l'intérieur. Dieu m'a demandé de choisir un ange qui aura comme mission de placer ce cristal sur la Terre, pour que l'homme qui naîtra plus tard puisse, grâce à ce cristal, connaître cette Énergie-Une et les secrets de l'Univers et de son origine. » Un jeune ange se leva, très enthousiaste, et demanda : « Je veux remplir cette mission. S'il vous plaît, donnez-moi ce cristal, je veux vous prouver que je peux le faire », dit-il, tout agité.

L'archange le fixa et parut hésitant, voyant la jeunesse de cet ange. Il lui dit : « Tu sais que c'est une importante mission et que tu n'as jamais accompli de mission auparavant. » L'ange lui répondit : « Justement, vous ne m'avez jamais donné une mission. Je vous en prie, faites cela pour moi. » Le jeune ange regardait tous les autres d'un air suppliant. L'archange, devant tant de fougue, lui accorda cette mission.

Le jeune ange, excité, saisit le cristal en vitesse et partit en courant remplir sa première mission. Ne regardant pas où il mettait les pieds, il trébucha sur un nuage et échappa le cristal, qui tomba de haut, sur la Terre. En tombant, il se brisa en milliers de morceaux qui s'éparpillèrent sur toute la surface de la Terre.

Depuis ce temps, chaque individu qui trouve un petit morceau du cristal pense qu'il est le seul à pouvoir montrer le chemin aux hommes. Aveuglés par leur petit reflet, ils ne voient pas la lumière UNE originale. **Que chaque personne cherche à s'accorder à cette vraie lumière, alors viendra l'illumination.**

Introduction

Ce livre n'est pas un livre commun. Il pourra bouleverser votre vision du monde, le système de pensée rationnelle actuel et pseudo-cartésien. Il vous transformera et vous permettra d'entrer dans le nouveau monde qui est déjà à notre porte. Ceux qui sont réceptifs au Nouvel Âge et aux nouvelles énergies comprendront très facilement le contenu de ce livre ; les autres auront un petit aperçu de la transformation nécessaire de la conscience pour traverser les temps qui s'annoncent.

Vous n'avez qu'à écouter les médias pour entendre parler de guerres et de possibilités d'une guerre mondiale, d'accidents nucléaires, de tremblements de terre, de pollution (terre, eau, air et feu par le nucléaire), de cancer dont trois cas sur quatre sont dus à l'alimentation et à l'environnement, du sida, de famine, de diminution grave de nos réserves pétrolières, de surpopulation, d'accidents écologiques, de l'extinction de milliers d'espèces animales, de la destruction de la faune et de nos forêts qui menace l'équilibre de la planète, d'un trou dans la couche d'ozone qui grandit dangereusement, et j'en passe...

La majorité des gens sait intérieurement que rien ne va plus et beaucoup se sentent paralysés quand c'est le temps de planifier l'avenir, surtout les jeunes, qui se voient aux prises avec tous les problèmes laissés par les générations passées (et on se demande pourquoi certains jeunes aujourd'hui sont si révoltés !). Plusieurs groupes religieux, écologiques et diverses organisations se lèvent pour nous annoncer une catastrophe imminente, une fin du monde, un cataclysme à l'échelle planétaire et les pires bouleversements jamais vus sur cette planète. Certains, de bonne foi, pensent que la meilleure manière de sensibiliser les gens est de leur faire peur.

Le plus grand danger que nous courons est lié justement à ce sentiment de peur. La peur attire la peur. La peur étant le plus grand sentiment négatif, elle ne peut qu'attirer du négatif et rien d'autre. Imaginez la puissance énorme de centaines de millions de personnes qui ne pensent qu'à l'imminence d'une catastrophe. Croyez-vous qu'elles amèneront du positif par cette manière de penser ?

Mais que devons-nous faire, me direz-vous ? Nous devons être conscients de la raison pour laquelle nous en sommes rendus au point actuel. « L'homme est ce qu'il pense », nous dit un vieil adage. Nous pouvons ajouter : « Le monde extérieur devient ce que l'homme pense intérieurement. » Méditez là-dessus et, chaque jour, vous observerez la vérité de cette phrase dans votre monde. C'est pourquoi vous ne pouvez changer aucun système politique, social ou autre, si le changement ne se fait pas en premier lieu à l'intérieur des gens ; c'est la raison pour laquelle aussi le peuple est déçu de n'importe quel gouvernement.

Cette série du « Cristal intérieur » vous donnera un outil pour transformer votre monde, et cet outil est le cristal. **N'oubliez pas que c'est un outil de travail et que, comme tout outil, il n'est qu'une extension de celui qui l'utilise.** Nous verrons, au tout début, quelle est la méthode de travail qu'on préconise dans cette série et la manière de l'aborder. J'expliquerai ensuite ce que les cristaux peuvent vous apporter dans votre vie.

Je donnerai un bref historique du cristal et des civilisations qui en ont fait l'usage depuis des millénaires. Nous commencerons ensuite l'enseignement du cristal. Nous verrons comment en prendre soin, le purifier, le programmer, et plusieurs techniques le concernant. Vous étudierez ensuite des techniques pour être plus « ouvert » aux énergies extérieures et intérieures, à l'aide d'exercices de respiration, de relaxation, de méditation, de purification, etc.

Nous étudierons l'évolution des pensées scientifique, philosophique et ésotérique et les conséquences qu'elles ont eues sur notre mentalité occidentale jusqu'à maintenant. Pour bien comprendre l'impasse où nous nous trouvons aujourd'hui, il est bien important d'en savoir la cause. Vous serez alors conscient du renouveau actuel de la science et des conséquences qu'elle crée maintenant dans le monde occidental. Également, pour bien saisir comment le cristal agit et en retirer le maximum, vous devez être réceptif à ses énergies et à la manière de les aborder.

Une des choses les plus importantes que vous allez apprendre de l'usage des cristaux est la loi de la résonance et de l'interdépendance de l'énergie. **Si vous comprenez bien cette loi, vous saisirez énormément de choses, car c'est la base du mouvement du Nouvel Âge et de cette nouvelle conscience planétaire qui se manifeste aujourd'hui dans les mouvements écologiques et autres.**

Chaque atome d'un cristal est en parfaite harmonie avec sa structure et est en interaction avec les autres. C'est pourquoi un cristal **est parfait.** Si les atomes n'étaient pas bien interreliés, ils seraient en disharmonie **et ne formeraient pas un cristal.** Connaissez-vous beaucoup de choses parfaites ? À part vous, naturellement ! Prenons comme exemple le corps humain. Vous avez des millions et des millions de cellules qui forment votre corps. Chaque cellule est indépendante et vivante, et forme un organisme à part. Toutes les cellules, par contre, sont interreliées pour former votre corps. Ces cellules n'ont qu'un but : **votre survie sur ce plan matériel.**

Qu'est-ce qui arriverait si certaines de vos cellules décidaient de devenir égoïstes et de ne vivre que pour elles-mêmes en refusant de participer à la collectivité ? « LE CANCER ».

La terre est aussi un organisme vivant, même si plusieurs ne s'en rendent pas compte. Toute la vie débute à partir du sol. Tous ses éléments : l'eau, la terre, l'atmosphère, la faune, les quatre règnes — minéral, végétal, animal et humain — font partie de ce grand organisme que représente notre planète. Tout est interrelié et doit être en parfaite harmonie pour l'équilibre de notre mère la Terre. Tous les règnes sont également en parfaite harmonie. Le règne minéral fait vivre les plantes, celles-ci font vivre les animaux, ceux-ci font vivre d'autres animaux, et nous, nous en faisons des hamburgers salade-tomate !

L'humain qui pense, qui est donc au-dessus de cette création, commence à comprendre la signification profonde de l'interdépendance de l'environnement et le résultat de la transgression de cette loi : **le cancer par la pollution.** Le cristal demeure un excellent outil pour apprendre et comprendre cette loi cosmique. **Les cristaux proviennent de cette terre et, grâce à eux, nous avons fait un prodigieux bond technologique. Si la terre nous fait redécouvrir l'usage des cristaux sur le plan mondial, n'y a-t-il pas une raison ?** À nous tous de la trouver.

La pensée est une forme d'énergie véhiculée par le cerveau. Vous apprendrez que vous pouvez focaliser cette énergie avec le cristal pour obtenir ce que vous désirez dans la vie. J'ai nommé cette technique : «**La formule magique pour cristalliser vos désirs.**» Cette technique, à elle seule, vaut dix fois le prix de ce livre. Vous pouvez utiliser cette technique pour obtenir un bien, une qualité, un travail, ou pour vous débarrasser d'un défaut ou d'une mauvaise habitude. Certains penseront que c'est un sacrilège de se servir du cristal pour obtenir des biens matériels. C'est qu'ils n'ont rien compris. **Le matériel est bon tant qu'il n'est pas un but en lui-même.** Jésus-Christ ne nous a-t-il pas dit de demander pour recevoir ? Il n'a jamais dit que l'argent était mauvais, comme certains l'affirment, mais que **l'amour de l'argent** était néfaste. S'il n'y avait pas d'argent, personne ne travaillerait, aucun confort n'existerait et nous serions encore à l'âge des cavernes. C'est le matérialisme extrémiste qui est mauvais. **Ceux qui ne croient qu'à la spiritualité en niant les valeurs matérielles sont déséquilibrés, et le contraire est aussi vrai.** Le «nouvel-âgiste» est équilibré et sait faire la part des choses. Il sait intuitivement ce qui est bon pour lui.

La méthode enseignée ici pour travailler avec les cristaux n'est surtout pas une technique finale en soi. Elle vous aidera à approfondir la voie que vous avez choisie ou vous amènera à une voie selon le degré de votre évolution.

Le cristal est le symbole du Nouvel Âge. S'ouvrir au cristal, c'est entrer dans un nouveau monde d'énergie. Le cristal de quartz activera votre cristal interne, celui que vous avez à l'intérieur de vous et ce cristal intérieur est le plus parfait de tous. Quand il sera activé à sa plus haute puissance, vous pourrez placer vos cristaux dans votre salon et vous en servir comme bibelots, car ils n'auront plus rien à vous apprendre. D'ici là, bon travail avec les cristaux.

I. LE CRISTAL : OUTIL ÉNERGÉTIQUE

Avant-dire

Avant de débuter l'étude et la lecture de cet ouvrage, j'aimerais que vous adoptiez une méthode de travail qui doit être la première attitude du « nouvel-âgiste » ou du vrai scientifique. C'est « l'attitude équilibrée et ouverte ». Regardez bien ce schéma :

Dogmatisme_____X_____Scepticisme
Extrémiste   A.E.O.   Extrémiste

D'un côté, vous avez une personne qui est prête à croire à peu près n'importe quoi de ce qu'une autorité lui dit. Cette personne peut agir avec naïveté ou être sincère dans sa démarche. Elle croit fermement à une chose, parce qu'on lui a dit ce qu'elle devait penser. Cette personne peut avoir expérimenté une chose personnellement et, la croyant vraie pour elle, elle la croit vraie pour toute l'humanité. Elle rejettera tout ce qui est contraire à son expérience comme étant une erreur et essaiera d'entraîner tout le monde dans sa vérité et son univers fermé. **Sa manière de penser est étroite.**

À l'autre extrémité, nous avons une personne qui ne croit pratiquement à rien. Elle est sceptique sur à peu près tout ce qui se dit et qui ne peut être démontré par les sens physiques. Elle essaiera de ridiculiser une idée sans même prendre le temps de l'analyser. Elle essaiera aussi d'amener son entourage à nier ce qu'elle-même ne saisit pas. Elle ne se fie qu'à ses sens, sans même les comprendre. Elle préfère tout nier d'un sujet qui dépasse ses connaissances, plutôt que de prendre le temps de le comprendre.

Tout ce qui ne cadre pas avec ses convictions sera accueilli avec scepticisme. Sa manière de penser est aussi fermée.

Maintenant, si vous étudiez ces deux extrêmes, vous pouvez vous apercevoir qu'ils sont en réalité identiques, malgré leur manière différente d'aborder un sujet. Ces deux extrémistes rejettent tout ce qui ne fait pas leur bonheur. Leurs manières d'aborder la vie sont identiques, car ils ont l'esprit fermé. Ils craignent que de nouvelles données puissent changer leur état d'être, c'est-à-dire leur sécurité. Ces personnes sont donc hostiles à tout progrès ou évolution qui puisse affecter leur petit monde fermé.

Par contre, celui qui est équilibré utilise un schéma de pensée « ouvert ». Il sait que chaque système, religion, philosophie ou autre a une part de vérité. Il ne s'arrête, par contre, sur aucun de ces systèmes, de peur de devenir extrémiste. S'il fait partie d'une religion ou de toute autre association, il demeure tout de même ouvert à des schémas de pensée différents, car il sait que tout est interrelié et en interdépendance. Ce qui est vrai dans une société peut être faux dans une autre. Il ne croit pas à une supériorité raciale, mais cherche une entente interraciale. Quand quelqu'un lui explique une nouvelle manière de voir une chose, il se sert de son intuition et décide de la prendre ou de la rejeter. Pour quelqu'un d'équilibré, un concept ne sert qu'à expliquer une chose, mais n'y est jamais supérieur. Il sera toujours prêt à rejeter toute chose pour une nouvelle, à la seule condition qu'elle le fasse évoluer. Ce qu'il rejette, il ne le niera pas, car cela lui a permis d'évoluer ; mais il sera en mesure de comprendre une autre personne qui emprunte ce même chemin.

Tout progrès scientifique ou autre a permis de perfectionner ce que nous avions. Regardez les premières automobiles et ce que nous avons maintenant. Comparez aussi la manière de vivre au premier siècle avec la nôtre. Ce sont toujours ceux qui avaient l'esprit « ouvert » qui ont révolutionné notre monde. C'est toujours à partir de grands esprits que la population a évolué. Mais la majorité de ces grands esprits ont été incompris dans leur temps, car ils fonctionnaient à contre-courant de la population. Certains de ces grands esprits étaient des initiés.

L'étude des cristaux et l'A.E.O.

Vous ne devez surtout pas accepter tout ce qui se dira dans cette étude du cristal, sans même l'expérimenter. À l'autre extrême, ne réfutez pas une chose parce que c'est nouveau ou que vous ne la comprenez pas. Si vous regardez une roche, vous pouvez croire, parce qu'elle ne bouge pas, qu'elle est sans vie. En réalité, des atomes bougent en elle et cette roche a sa propre vibration, comme vous, mais cette vibration est tellement basse que la roche paraît inanimée. Si vous croyez, comme la majorité des gens, que le règne minéral est le seul des quatre règnes (minéral, végétal, animal et humain) qui n'est pas vivant, vous en avez fait un dogme. Si vous doutez de ce que je dis, vous êtes sceptique. Ces deux attitudes extrêmes nuisent à toute étude. Vous devez avoir l'esprit ouvert aux nouvelles connaissances et décider par la suite si vous les faites vôtres.

Ne niez pas ou n'acceptez pas une chose sans vous poser des questions et ne réfutez pas quelque chose simplement parce que vous n'avez pas la réponse. Cherchez-la, puis placez-la de côté ; une partie en vous s'occupera de trouver la réponse et de la classer. Vous devez aussi admettre que ce qui est faux pour vous peut être vrai pour d'autres et que ce qui est incompréhension aujourd'hui pourra devenir compréhension demain. Si, à la lecture de cet ouvrage, vous ne comprenez pas un passage ou une nouvelle idée, soulignez-le et placez un point d'interrogation. Vous serez surpris de constater dans une lecture ultérieure que vous saisirez mieux ce passage. La raison en est simple : votre subconscient a travaillé à votre insu et a trouvé la réponse.

1. ÉNERGIE, POLARITÉ ET TRINITÉ

Voyons ensemble la méthode que nous allons aborder pour travailler avec les cristaux. Malheureusement pour certains, un cristal ne fera rien dans votre vie si vous le laissez sur votre bureau. Est-ce qu'un chrétien peut comprendre sa religion en laissant sa Bible dans un tiroir ? Est-ce qu'un avocat peut plaider une cause s'il ne connaît pas la loi et les jurisprudences ? Est-ce qu'un comptable peut exécuter un bon travail s'il ne connaît pas les nouvelles réformes fiscales ? Un cristal ne fera rien pour vous si vous ne l'utilisez pas régulièrement. N'oubliez pas que c'est un outil de recherche et que, comme tout outil, il est efficace seulement quand il est utilisé et bien compris.

La méthode du Cristal intérieur se décompose en trois parties. Ces trois parties forment un tout ; enlevez une des parties et le tout tombe. Chacune de ces parties vous amène à l'autre. Voici en quoi consiste notre méthode :

1) **énergie-Une** ;
2) **dualité du cerveau** ;
3) **trinité de la conscience.**

La première partie est représentée par le nombre un. C'est l'unité de toutes choses. C'est l'énergie qui tient en place l'Univers et c'est l'énergie que nous utilisons avec le cristal. Vous verrez que toutes les énergies que nous croyons différentes ne sont en réalité que la même énergie. Ce que nous croyons être de la matière n'est en sorte que de l'énergie.

Toute chose, selon la pensée orientale, est Une.

L'Univers et tout ce qu'il contient n'est en fait que de l'énergie, et cette énergie est Une. Regardez-vous : vous avez des milliards de cellules vivantes en vous, des organes internes, deux bras, deux jambes, dix doigts et dix orteils, cinq sens, etc. Votre corps est si complexe que pour le comprendre vous devriez suivre des années d'études.

Pourtant **vous êtes UN.** Votre corps utilise la même énergie que l'Univers. C'est cette Énergie-Une que nous aborderons dans cet ouvrage, avec l'étude du cristal et son utilisation.

La deuxième partie est représentée par le chiffre deux. C'est la dualité. Nous savons qu'une chose a nécessairement son contraire; ex. : jour-nuit, blanc-noir, homme-femme, positif-négatif, etc. En Orient, ce dualisme est représenté par l'archétype du Yin et du Yang.

La troisième partie de notre méthode est représentée par le chiffre trois. C'est la trinité. Le principe ternaire est partout présent dans la création. Il est le résultat de l'unité et de la dualité : $1 + 2 = 3$.

- **L'atome** est formé d'un noyau, d'électrons et de protons.
- **La cellule** est formée d'un noyau, d'une membrane et d'un cytoplasme.
- **L'être humain** est formé de chair, d'os et d'organes.
- **La Terre** est formée d'un noyau, du magma et d'une écorce terrestre.
- **Les trois mondes extérieurs** : la Terre, le ciel et l'atmosphère.
- **Les trois mondes de l'homme** : l'âme, le corps et le mental.
- **La famille de base** : l'homme, la femme et l'enfant.

Si nous additionnons $(1 + 2 + 3)$ ou si nous multiplions $(1 \times 2 \times 3)$, nous arrivons à un même chiffre, le **6**. Le 6 est représenté dans la science ésotérique ou initiatique comme étant le symbole de l'homme.

Étoile de David ou Sceau de Salomon

L'hexagramme ou le Sceau de Salomon est le symbole du parfait équilibre que l'homme doit réaliser. Le 6 est aussi la forme hexagonale qu'a le cristal de quartz avec ses 6 côtés. Si nous prenons cette étoile qui est Une, nous voyons deux triangles qui représentent chacun une partie de la dualité. La pointe vers le haut représente le macrocosme, le spirituel et l'évolution. La pointe vers le bas représente le microcosme, le matériel et l'involution. Les deux triangles sont nécessaires à l'homme et doivent être en parfait équilibre, car chacun de nous doit descendre dans la matière pour ensuite remonter vers le spirituel. Chaque triangle a trois côtés représentant la trinité.

En numérologie, qui est une science initiatique faisant partie de la Kabbale hébraïque, le 6 représente l'harmonie et l'équilibre. Ce 6 est aussi le chiffre du cristal de quartz, car sa constitution atomique est en parfait équilibre et en parfaite harmonie avec sa structure. On peut dire qu'il a été formé selon une loi mathématique, car si on pouvait voir la disposition des atomes, nous verrions que chaque atome a pris sa place harmonieusement et s'est bien intégré en un schéma régulier et précis.

Le travail avec le cristal consiste en une véritable méditation sur les énergies qui nous gouvernent. N'oubliez pas que la science affirme maintenant que la matière que nous voyons comme étant solide n'est en fait que de l'énergie en mouvement. Beaucoup de gens ne sont pas conscients de toute la portée de cette affirmation. L'invisible, que la science matérialiste ne comprenait pas au siècle dernier, est reconnu aujourd'hui comme une réalité par cette même science. La spiritualité et la science commencent à se rejoindre. La parapsychologie est actuellement étudiée dans les universités et permettra de nouvelles découvertes sur l'homme. Même s'il reste du chemin à parcourir des deux côtés, la science et la spiritualité ne sont plus diamétralement opposées.

2. APPLICATIONS PRATIQUES
DE L'UTILISATION DES CRISTAUX

Si vous êtes en mauvaise santé, le cristal de quartz vous permet de retrouver l'équilibre de votre corps, de vous soigner, vous ou vos proches. Dans vos méditations, vous pouvez atteindre certains états beaucoup plus rapidement avec un cristal de quartz. Vous pouvez augmenter les réserves énergétiques de votre corps et développer vos facultés psychiques : clairvoyance, intuition, clairaudience, télépathie, psychométrie, concentration, visualisation, etc. Vous travaillerez sur d'autres plans, différents du plan physique (plan éthérique, plan astral (émotionnel), plan mental).

Les cristaux peuvent servir à créer des événements que vous voulez vivre et à transmuer les malédictions en bénédictions. Aussitôt que vous commencerez à travailler avec vos cristaux, vous deviendrez progressivement conscient d'une puissance, d'une force énergétique plus puissante que la vôtre. Vous serez en contact avec cette force et pourrez la canaliser dans vos projets. Cette puissance, vous pouvez la nommer comme vous voudrez : « énergie cosmique », « lumière divine », « Prâna », « Ki ». L'important n'est pas le nom qu'on lui donne mais la puissance qu'elle contient pour éclairer votre vie.

Vous constaterez qu'il est possible d'utiliser les cristaux de quartz dans maints aspects de votre vie où vous ne l'auriez jamais imaginé auparavant. Quelle que soit votre condition actuelle, si vous suivez les conseils de ce livre, avec l'aide de votre cristal de quartz, vous libérerez une énergie qui sera le point tournant de votre existence et qui vous mènera vers une vie victorieuse.

Tout ce qui vous semble solide n'est en réalité que des molécules de matière ayant une vibration plus ou moins élevée. Vous pouvez influencer ces vibrations et attirer celles-ci à un niveau plus subtil pour ensuite les ramener à un niveau physique. Quand vous modifiez une forme vibratoire, vous causez une réaction, qu'on appelle loi de cause à effet qui se répercute sur d'autres formes vibratoires. Prenons, par exemple, une personne paresseuse. Elle ne travaille pas, elle manque d'énergie, elle se sent malade, elle manque d'argent, elle n'a pas de but, elle est déprimée et donc devient paresseuse. Tant que cette personne reste dans ce cercle vicieux, elle garde le même taux vibratoire qui lui cause son état d'inertie. Maintenant, disons qu'elle prend conscience de son état et qu'elle augmente, à l'aide de son cristal de quartz, le taux vibratoire de sa pensée. Elle devient créative, sa pensée est maintenant active et elle a plus d'énergie. Alors elle se trouve un travail qui la valorise, elle a plus d'argent, elle n'est plus malade, elle a un but et elle a vaincu sa paresse.

En augmentant le taux vibratoire de son esprit, elle a créé toute une série de changements qui se sont répercutés dans plusieurs aspects de sa vie. Les cristaux de quartz, par leur structure interne en harmonie et leur taux vibratoire très élevé, tendent justement à harmoniser et à élever les vibrations de toute chose qui vient à sa proximité.

Le cristal emmagasine, transforme, transmet, focalise et amplifie l'énergie. Vous apprendrez comment utiliser les vibrations et les énergies de votre corps pour les diriger dans votre cristal. Quand vous pensez, vous émettez dans votre cerveau des ondes électriques facilement vérifiables par un électro-encéphalogramme qui enregistre ces ondes. On a découvert quatre états importants de ces ondes cérébrales :

1) L'ÉTAT BÊTA. C'est le niveau éveillé, il se situe entre 14 et 30 cycles par seconde. Le niveau normal est d'environ 21 cycles par seconde. En ce moment, si vous lisez cet ouvrage calmement, le niveau de vos ondes peut être entre 15 et 18 cycles par seconde. Si vous êtes agité, en activité physique, en état de tension ou d'anxiété, vous pouvez faire monter cet état à 30 cycles par seconde et même au delà.

2) L'ÉTAT ALPHA. C'est le niveau de la présomnolence. Il se situe entre 8 et 14 cycles par seconde. Il se ressent lorsque vous êtes très calme, en état de relaxation profonde. C'est le niveau que vous devez rechercher avec votre cristal. Cet état ouvre la porte à votre subconscient et permet de vous servir de vos facultés psychiques, que chacun possède en soi. Dans cet état, vous pouvez communiquer et recevoir des informations de votre subconscient. C'est le niveau idéal de méditation.

3) L'ÉTAT THÊTA. C'est le niveau de la somnolence. Il se situe entre 4 et 7 cycles par seconde. Il correspond à un état euphorique, un état très profond de relaxation. Dans cet état, vous êtes souvent inconscient de ce qui se passe autour de vous. Il apparaît à un niveau de méditation très profond.

4) L'ÉTAT DELTA. C'est le niveau du profond sommeil. Il se situe entre 0,05 et 3,5 cycles par seconde. Dans cet état, vous restez plongé dans un profond sommeil et vous êtes complètement inconscient.

Le niveau que vous devez atteindre quand vous travaillez avec le cristal est l'état alpha. À ce niveau, vous restez éveillé, mais vous ne réagissez pas aux stimuli extérieurs. Vous restez centré sur vous-même. Les recherches scientifiques ont prouvé que, dans l'état alpha, une personne peut apprendre plus vite, augmenter sa créativité, améliorer sa mémoire, développer ses facultés « psi » et guérir toute maladie en relation avec le système nerveux. Vous comprendrez peut-être maintenant l'affirmation : « Nous possédons tous des pouvoirs psychiques, sauf qu'ils sont *endormis.* » Donc, si vous voulez vous servir de ces facultés, vous devez atteindre l'état alpha.

Le cristal de quartz est un outil incroyablement puissant pour vous aider à atteindre ces états. Par sa structure interne précise, il change votre état de conscience pour l'amener à un niveau harmonieux. À cause de sa structure moléculaire précise, toute énergie qui entre dans le cristal se précisera, s'équilibrera et sera harmonisée. Comme les pensées représentent de l'énergie sous une forme subtile et légère et qu'elles peuvent être modifiées facilement et rapidement, l'utilisation de votre cristal de quartz pourra les transformer, les focaliser, les emmagasiner et les amplifier pour obtenir ce que vous désirez. Les pensées ne sont pas votre cerveau. Un rat a un cerveau, mais il ne pense pas. Vous pouvez diriger vos pensées à un endroit précis **et vous pouvez accélérer ce processus dix et même cent fois plus grâce à votre cristal de quartz.** Plus vos pensées seront précises, plus concrètes seront leurs réalisations.

Vous pouvez prendre conscience maintenant de l'impact énorme que peut avoir sur vous le cristal de quartz. C'est la raison pour laquelle les sorciers, les chamans, les prêtres de l'ancienne Égypte et tous ceux qui détenaient des pouvoirs sur le peuple utilisaient le cristal. Ils ne voulaient pas que le peuple utilise ces pouvoirs, car ils voulaient en garder le monopole. Ils inventaient toutes sortes de dangers pour décourager quiconque venait en contact avec ces cristaux. Vous avez la chance d'utiliser dans votre vie ce merveilleux outil.

Le cristal et vous

Nous vous conseillons de tenir votre cristal dans vos mains le plus souvent possible pour lui permettre de capter et d'emmagasiner vos vibrations et votre énergie. Le cristal mélangera votre magnétisme personnel avec sa propre énergie et vous permettra d'augmenter votre propre énergie. Vous serez prêt alors à le programmer.

Je vous recommande de ne pas programmer votre cristal tout de suite. Il serait préférable de vous habituer à son contact et réciproquement. Voici un excellent exercice à faire.

Choisissez un endroit calme où personne ne viendra vous déranger. Prenez bien soin de décrocher le téléphone, de fermer la radio, la télévision, bref, tout ce qui pourrait vous troubler ou vous importuner. Asseyez-vous le plus droit possible, les pieds bien à plat sur le sol. Respirez calmement et régulièrement. Prenez votre cristal de la main droite. Tournez la paume de votre main gauche vers le plafond. Imaginez qu'un courant d'énergie circule à l'intérieur de votre main gauche, parcourt votre bras gauche jusqu'à l'épaule gauche puis se dirige vers l'épaule droite pour descendre dans le bras droit, traverser votre main et sortir de votre cristal.

Maintenant voici le but de l'exercice.

Pointez votre cristal sur votre main gauche, imaginez le courant d'énergie tournant en un cercle parfait, jaillissant de votre cristal pour toucher votre main gauche. Promenez le cristal le long de votre paume, remontez le long de vos doigts. Vous éprouverez le courant d'énergie dans votre main, qui se manifestera par une sensation d'engourdissement, de picotement, de chaleur, de fraîcheur ou un courant d'air. Que s'est-il passé ? Vous avez senti votre propre courant d'énergie, votre cristal n'a fait qu'amplifier votre énergie. Il a canalisé l'énergie et l'a dirigée où vous le vouliez. Un autre exercice semblable consiste à fermer les yeux et à diriger l'énergie du cristal dans votre visage.

Normalement, huit personnes sur dix sont susceptibles de ressentir l'énergie provenant du cristal. Pour ceux qui ont plus de difficulté à la ressentir, voici un autre exercice.

Comme pour l'exercice précédent, asseyez-vous, les pieds bien à plat sur le sol. Joignez vos mains et frottez-les l'une contre l'autre le plus vite et le plus fermement possible. Faites cela pendant environ une minute. Vous ressentirez dans les paumes de vos mains une sensation de chaleur. Prenez maintenant votre cristal et, comme pour l'exercice précédent, promenez-le au-dessus de votre paume et allez jusqu'à toucher votre paume. Concentrez-vous bien, ne permettez pas à votre pensée de vagabonder, restez bien focalisé sur votre cristal et sur l'énergie. Promenez-le devant votre corps et ressentez l'énergie parcourir celui-ci.

Répétez ces exercices le plus souvent possible, jusqu'au moment où vous pourrez ressentir les vibrations du cristal presque instantanément, sans prendre le temps de vous préparer. Vous saurez alors que vous êtes prêt à entreprendre de vrais travaux avec votre cristal. Certains ne ressentent pas l'énergie du cristal mais bénéficient quand même de ses bienfaits.

Si vous voulez programmer votre cristal dans un but spécifique, vous n'avez qu'à lire le chapitre « Programmation de votre cristal ». Sinon, prenez bien tout votre temps pour étudier la méthode du Cristal intérieur. Vous entreprendrez un travail qui modifiera l'ensemble de votre vie. Vous allez acquérir une connaissance immédiate de votre propre activité psychique. **La seule façon d'exister, pour la conscience, est d'avoir conscience d'exister.** Plus vous êtes conscient, plus vous êtes puissant. Grâce au travail avec les cristaux, vous prendrez conscience de vos capacités d'utiliser des cristaux pour tous les buts que vous vous serez fixés.

La puissance des cristaux liée à votre propre puissance, comme nous l'enseignons dans ce livre, peut être déterminée par une formule. C'est-à-dire que l'être humain, grâce à son pouvoir de détermination et de force, a la capacité de concrétiser ses objectifs et d'atteindre ses buts en faisant appel à ses facultés mentales, physiques et spirituelles.

Vous avez été attiré par les cristaux comme un aimant, grâce à une force supérieure. Ce n'est pas un hasard si vous avez ce livre entre les mains. Un vieil adage ésotérique dit que « le maître vient quand l'élève est prêt ». Laissez le cristal devenir votre maître. N'oubliez surtout pas que les cristaux ne sont que des instruments, que des outils pour vous montrer la voie. Ne déifiez surtout pas votre cristal, ne le considérez pas comme un talisman, une amulette ou un porte-bonheur. L'avantage que vous donne le travail avec les cristaux, c'est qu'il vous permet, vous qui avez plus de difficulté à développer vos aptitudes, de sauver du temps pour déployer vos pouvoirs. Le cristal vous aide à faire sortir le savoir que vous possédez en vous, savoir caché à l'intérieur de votre esprit.

Voici une petite histoire racontée dans certaines sciences initiatiques.

Il y a très longtemps, après que l'Univers, les galaxies, les planètes et tous êtres vivants eurent été créés, les dieux tinrent une assemblée. Ils avaient un sérieux problème, car ils ne savaient que faire de tous les plans et techniques qu'ils avaient utilisés pour construire le monde. Ils avaient peur que l'homme utilise tous ces pouvoirs pour faire le mal.

Alors, un dieu suggéra de placer ce trésor, qui contenait ces plans, au plus haut d'une montagne. Le dieu qui menait l'assemblée répondit que tôt ou tard l'homme grimperait dans la plus haute montagne et trouverait ce trésor. Un autre dieu suggéra de cacher ce trésor au plus profond de la mer. Le meneur répondit que l'homme fabriquerait plus tard les instruments pour aller au fond des mers et trouverait le trésor. Les dieux cherchèrent de leur mieux la meilleure solution. Un dieu proposa de cacher le trésor sur la Lune ou même sur Mars. Le meneur répondit que l'homme inventerait un appareil pouvant aller sur la Lune et les autres planètes et trouverait à coup sûr le trésor.

Les dieux étaient consternés de ne pouvoir trouver un endroit où cacher ce trésor, après toutes les grandes choses qu'ils avaient accomplies. Alors, le meneur se tourna devant le plus vieux, surnommé le dieu des dieux, qui n'avait pas dit un mot de toute l'assemblée. Toutes les têtes se tournèrent vers lui, qui avait toujours eu la réponse à tout. Le meneur lui demanda s'il savait où cacher le trésor. Le dieu des dieux se plaça au centre de tous les dieux et prit la parole : « Il ne sert à rien de chercher un lieu où cacher notre trésor, car l'homme parviendra toujours à le découvrir. Il faut le dissimuler dans un endroit où l'homme ne pensera pas à le chercher, c'est-à-dire dans SON ESPRIT. Voilà l'endroit où nous cacherons notre trésor. » Tous les dieux se dirent d'accord et louangèrent sa sagesse.

Vous savez maintenant où chercher, en espérant que vous saurez comment utiliser ce trésor et que vous vous en servirez pour faire le bien autour de vous.

Vous avez entre les mains le premier ouvrage de cette série sur le Cristal intérieur. Vous y apprendrez la base fondamentale pour bien utiliser les énergies de celui-ci. Avec de la pratique et de la persévérance, vous devriez réussir la plupart des exercices qui vous sont suggérés. Plusieurs personnes réussissent à ressentir l'énergie cristalline dès le premier contact, et d'autres, après quelques jours ou quelques semaines. D'autres encore, sans ressentir l'énergie, bénificient de ses bienfaits dans leur vie. Ils sont spectateurs de la transformation qui survient dans leur vie.

Lisez ce livre tranquillement. Avec un crayon, soulignez les passages qui vous frappent, et si une chose vous intrigue ou que vous ne la comprenez pas, placez un point d'interrogation. Quand vous aurez terminé votre lecture, laissez ce livre de côté pendant quelques semaines et pratiquez les techniques mentionnées. Après ce laps de temps, relisez-le avec le cristal dans votre main gauche. Vous découvrirez alors d'autres aspects que vous n'aviez pas vus à la première lecture, et certains passages que vous n'aviez pas compris pourront **s'éclaircir.**

Beaucoup de secrets sont contenus dans ce livre qui **illumineront** votre conscience spontanément ou lentement. Après quelques mois, vous serez prêt à suivre la deuxième partie du Cristal intérieur. Mais prenez le temps de bien assimiler le contenu de cet ouvrage avant d'aller plus loin. Le deuxième ouvrage étant très puissant, il vous faut obtenir une base solide pour l'étudier, et vous l'obtiendrez par la lecture et la pratique des exercices contenus dans ce premier volume. La démarche que vous entreprenez avec cette série du Cristal intérieur est un des meilleurs investissements que vous pouvez faire. Le travail avec le cristal ne peut que renforcer vos croyances personnelles. Cette démarche n'est ni politique ni religieuse. Que vous adhériez à n'importe quelle religion, cette création divine qu'est le cristal ne peut que vous aider dans votre cheminement personnel. Toutefois, si vous ne croyez pas en Dieu, vous ne pouvez nier les forces de l'Univers, que ce soit l'électricité ou l'électromagnétisme car vous êtes conscient que ces forces existent.

Ce livre se veut le plus simple possible. Certains passages peuvent sembler plus obscurs, mais ils deviendront plus clairs lors d'une lecture ultérieure. Ce livre est fait pour être étudié et pas seulement lu comme un simple divertissement. Dans un séminaire ou un cours sur le cristal intérieur, on donne la théorie, on pratique séparément chacun des exercices et ceux qui ont des questions les posent, ce qui permet de voir d'autres aspects de l'enseignement donné. Si vous êtes seul chez vous, vous devriez, après avoir lu un chapitre qui vous intrigue, inscrire les questions dans un cahier. Plusieurs réponses viendront, soit avec le temps, soit à l'aide d'une technique qui vous permettra de recevoir des réponses avec votre cristal.

BIENVENUE DANS CE MERVEILLEUX MONDE
D'ÉNERGIE CRISTALLINE !

3. LA TECHNOLOGIE ET LES CRISTAUX

Le cristal de quartz a joué un rôle très important dans le développement technologique du monde actuel. Il est le responsable de plusieurs de nos inventions. Si vous êtes un sensitif ou êtes assez bien concentré, vous pouvez ressentir le cristal vibrer physiquement. Si vous prenez n'importe quels cristaux et que vous coupez sur chaque cristal un morceau d'une même épaisseur, vous obtiendrez exactement le même taux de vibration pour chacun de ces morceaux. Grâce à ces taux de vibration précis, le cristal est utilisé en électronique, dans la science de l'optique, en technique aérospatiale, dans les communications et dans toute technologie d'instruments précis. Il est employé pour la radio et la télévision. On l'utilise aussi dans le domaine de l'ultrason.

Dans les anciennes radios à cristaux, c'était grâce à ces cristaux de quartz que l'on pouvait capter les fréquences. Les cristaux étaient de même épaisseur, de même fréquence, et quand la radio recevait cette fréquence exacte elle « **résonnait** » avec et c'est alors qu'elle recevait l'information. Dans les ordinateurs, les cristaux sont les « puces » qui gardent les informations en mémoire. D'autres champs d'activité utilisent aussi les propriétés des cristaux. Dans la technologie du laser, la lumière, qui normalement a la propriété de se diffuser en se répandant dans toutes les directions, est concentrée dans un appareil à laser et, grâce au cristal, elle se concentre en un faisceau unique.

Il est aussi utilisé, entre autres, pour la lecture des disques compacts, dans les fibres optiques et dans les fameux appareils à « scanner ». On se sert du laser pour débloquer les artères sans opération et sans anesthésie. Dans certaines recherches, on utilise un mélange de cristaux de quartz, de puces de dioxyde de silicium synthétique dans une solution intégrée, placé dans une forme de pyramide, ce qui peut fournir assez de puissance pour alimenter une maison en chauffage et en lumière. Dans d'autres recherches sur les générateurs omnisolaires, on utilise un cristal de quartz en stimulant de certaines façons sa structure atomique pour amplifier l'effet de piézo-électricité, ce qui engendre une force de 23 000 volts, et cela dans une petite boîte. Nous pouvons voir tout l'impact que le cristal de quartz engendre grâce à son énergie « terrestre », mais cela n'est rien à côté des énergies subtiles que vous apprendrez à diriger.

Aujourd'hui, la science utilise, dans certains appareils, des cristaux synthétiques qu'on appelle « bioxyde de silicium » et qui sont de nature semblable au cristal de quartz, sauf que dans l'ordinateur ces cristaux de silicium ont tendance, après plusieurs années, à perdre leur mémoire, ce que ne ferait jamais un cristal de quartz. On utilise aussi des cristaux liquides qui sont des semi-solides où les molécules sont arrangées en schémas réguliers.

Le cristal de quartz a aussi révolutionné l'industrie horlogère, par les horloges et montres à quartz. Que fait le cristal dans ces montres ? Le quartz à l'intérieur vibre un nombre de fois très précis, un petit ordinateur à l'intérieur enregistre ce nombre, et quand celui-ci est atteint, il fait avancer l'aiguille d'une seconde, et ainsi de suite.

Dans la science de la communication, on se sert du cristal de quartz pour changer un courant électrique en ondes. Un courant alternatif est envoyé dans le cristal, celui-ci se gonfle quand le courant entre en lui et reprend sa forme normale quand le courant arrête. Ce processus est exécuté un certain nombre de fois en une seconde, ce qui fait vibrer le cristal, et celui-ci transforme l'énergie électrique en onde. Cette onde traverse l'espace jusqu'à ce qu'elle rencontre un autre cristal qui reçoit l'onde et la transforme en onde électrique pour qu'elle soit ensuite retransformée en musique, message radio ou image.

Il y a encore beaucoup à venir sur toutes les possibilités des cristaux. De plus en plus de chercheurs scientifiques s'intéressent aux aspects subtils du cristal, et certains appareils utilisant des cristaux de quartz et notre force psychique ont même été fabriqués. Mais la plupart de ces scientifiques doivent effectuer leurs recherches en secret pour éviter d'être ridiculisés par leurs confrères. Un peu comme Thomas A. Édison qui faisait ses recherches scientifiques en privé, car ses confrères, habitués à leur petite lampe à l'huile, lui disaient qu'il ne réussirait jamais. Il reçut d'eux les mêmes railleries quand il se mit à l'invention du phonographe, de la caméra et de plusieurs autres inventions. Il a été le créateur de plus de 300 inventions et cela parce qu'il croyait en ses possibilités.

Le grand scientifique Marcel Vogel a ouvert en Californie un laboratoire moderne de plus d'un million de dollars et fait des recherches pour trouver comment le cristal de quartz aide à guérir certains cas d'arthrite. Il fait aussi des recherches pour trouver comment le cristal opère pour transformer et énergiser les molécules de l'eau. C'est grâce à de grands spécialistes comme lui que le cristal de quartz reprendra la place qu'il a déjà eue. Pourvu que l'humanité apprenne à bien s'en servir !

Qu'est-ce que la science trouve de si important dans cette petite pierre qui est une des causes du virage technologique d'aujourd'hui ? Le cristal a la propriété d'amplifier, d'emmagasiner, de focaliser, de transformer et de transmettre toute énergie qui est introduite à l'intérieur. Détaillons ces cinq propriétés principales.

1) **AMPLIFIER.** Un petit morceau de cristal de quartz dans un microcircuit va amplifier le signal électrique. Il est utilisé dans les microphones et tous les appareils audio et vidéo.

2) **EMMAGASINER.** Un tout petit morceau de quartz dans une puce électronique va « stocker » de l'information dans la mémoire de l'ordinateur.

3) **FOCALISER.** Dans les lasers, le cristal de rubis focalise la lumière en un faisceau unique, ce qui permet à la médecine de l'utiliser beaucoup dans ses recherches. Un véritable virage s'effectue dans le monde médical, grâce à l'utilisation du laser. Malheureusement, le laser est aussi utilisé dans le domaine militaire et peut être dévastateur. On emploie le cristal pour les effets spéciaux dans l'art cinématographique et il fait aussi partie du

procédé pour obtenir les hologrammes, ces images à trois dimensions.

4) TRANSFORMER. Nous avons vu que la principale propriété des cristaux est de transformer une sorte d'énergie en une autre. Il absorbe l'énergie solaire et la transforme en électricité, soit pour chauffer ou pour éclairer une pièce de maison qui utilise ce procédé. Vous lui envoyez une énergie de chaleur et il la transforme en une énergie électrique. Il transforme l'énergie électrique en onde électromagnétique, dans la science de la communication.

5) TRANSMETTRE. Si vous placez des cristaux de quartz à une fréquence précise et que vous transmettez un message à une autre personne qui possède cette même fréquence, elle recevra votre message. Cette propriété est utilisée en communication, à la radio et à la télévision.

Comme nous pouvons le constater, le cristal a déjà un impact considérable dans notre vie actuelle. En travaillant avec le cristal de quartz, vous découvrirez un autre aspect de la transformation de l'énergie. Observez ces faits, étudiez-les et expérimentez-les dans votre vie. Vous subirez vous aussi un virage, non technologique mais bien psycho-physique.

4. IL ÉTAIT UNE FOIS... LE CRISTAL

Plusieurs personnes pensent que le cristal n'est utilisé que depuis quelques décennies. Le cristal de quartz n'a pas été employé seulement pour notre technologie. L'utilisation des cristaux existe depuis une centaine de milliers d'années. Voici donc un bref résumé des civilisations qui ont utilisé les pouvoirs des cristaux.

L'Atlantide : mythe ou réalité ?

Toute recherche concernant l'origine des cristaux, en tant qu'utilisation psychique ou spirituelle, nous amène à la même source : **l'Atlantide.** Je ne veux pas faire ici le récit de toute l'histoire de l'Atlantide, car beaucoup d'ouvrages sur le sujet sont disponibles (certains ne contiennent que des histoires abracadabrantes, mais d'autres sont sérieux) et ils parlent pratiquement tous de l'utilisation que ce peuple a fait des cristaux. Malheureusement, il en a fait un mauvais usage, ce qui, d'après certains auteurs (notamment Edgar Cayce), l'aurait mené à sa perte. Ce peuple aurait disparu il y a à peu près 12 000 ans. Certains vestiges ont été retrouvés, mais les archéologues se perdent en conjectures pour expliquer et fournir des preuves suffisantes pouvant attester officiellement son existence. Disons aussi que les gouvernements actuels ne seraient peut-être pas intéressés à ce que le peuple prenne conscience de ce qui est arrivé jadis à l'Atlantide, car, sur certains points, nous nous rapprochons d'elle. Nous pouvons croire que la science atlantéenne était plus avancée que la nôtre. Mais, bien sûr, vous devez vous demander pourquoi on n'a pas trouvé de preuves tangibles.

Imaginez que demain matin, à cause d'une petite erreur d'ordinateur, les bombes nucléaires partent de partout pour nous tomber sur la tête. En l'espace de deux ou trois heures, 60 % de la population meurent et, suite à la radioactivité, 30 % disparaissent. Résultat, tout est détruit et il ne reste que 10 % de la population. Plus de télévision ni de radio, plus de technologie. C'est la fin de notre ère technologique. Vous, par une chance inouïe, étiez en train d'escalader une montagne avec des amis en un lieu où rien n'a été touché. Prenons comme hypothèse que vous avez entendu parler de la catastrophe par la radio avant l'impact et que vous avez attendu que la radioactivité baisse. Que feriez-vous avec vos amis et le 10 % de survivants à travers le monde pour recréer le système technologique que nous avions ? Auriez-vous toutes les connaissances nécessaires en électronique, en électricité, etc. ? Les bibliothèques étant détruites, aucune documentation n'étant accessible, qu'allez-vous faire ? Qui va enseigner à vos enfants ?

Les futures générations dans 20 000 ans, avec leur nouvelle technologie, entendront l'histoire d'une catastrophe (comme nous a été racontée l'histoire de Noé). Ces nouvelles générations se moqueront de cette fameuse histoire de destruction par le feu, comme nous nous moquons de la destruction légendaire de l'Atlantide. **Mais attention** : n'oublions pas que la destruction de l'Atlantide fut celle d'un continent et non de la planète.

Mon but n'est pas de vous prouver l'existence réelle de l'Atlantide ; je laisse ce travail à d'autres auteurs. Je ne veux que vous donner une certaine base pour comprendre le départ de l'odyssée du cristal dans le monde actuel.

En Atlantide, les cristaux de quartz tenaient une place importante dans la vie quotidienne. Les gens utilisaient aussi des cristaux synthétiques pour obtenir de l'énergie et ils s'en servaient pour leurs maisons, leurs villes et leurs moyens de transport. Ce sont surtout les prêtres atlantes qui avaient la garde des cristaux et qui les employaient de façon thérapeutique. Ils utilisaient les cristaux de quartz pur et se servaient des cavernes de quartz naturel comme lieux de guérison.

Le peuple, lui, exploitait le côté technique des cristaux. On créa plus tard de gigantesques cristaux synthétiques qu'on utilisa pour capter les forces énergétiques de la Terre. On transgressait toutes les lois cosmiques de l'évolution. Avec ces cristaux, on captait l'énergie des rayons cosmiques et on attirait l'énergie éthérique de la planète. Les sages atlantes, sachant l'imminence d'un cataclysme, envoyèrent des Atlantes dans des endroits sûrs. Le cataclysme arriva (le continent aurait glissé sous l'eau) et entraîna la destruction de l'Atlantide.

Qu'est-il advenu des Atlantes rescapés? Certains se retrouvèrent en Égypte, d'autres en Amérique du Nord, au Mexique, en Europe du Nord, en Australie et en Amérique du Sud. En Égypte, ils ont construit les pyramides grâce à la science atlantéenne, et beaucoup de leur savoir est enfoui dans ces pyramides. Au Mexique, les Mayas utilisaient les cristaux, et les prêtres étaient toujours en charge de ces cristaux. Les Aztèques et les Incas travaillaient aussi avec les cristaux de quartz. Ceux qui ont vu l'exposition sur les Aztèques à Montréal en 1988 ont pu remarquer un cristal qui était utilisé dans leurs rites. Les Indiens d'Amérique du Nord et d'Amérique du Sud ainsi que les aborigènes d'Australie utilisent aussi des cristaux pour guérir, pour contacter des forces célestes, et ils les emploient dans plusieurs rituels. Pour la plupart de ces peuples, ce sont les sorciers (prêtres archaïques) qui ont la garde des cristaux.

Pour ceux qui n'ont jamais lu de documentation sur l'Atlantide, cette civilisation avait la peau bronzée, comme toutes les civilisations que nous avons nommées. Les légendes des Indiens d'Amérique du Nord mentionnent que leurs ancêtres sont venus en bateau de « cristal » d'une île appelée « Atlan ».

Libre à vous de croire ou non cette petite histoire, car rien de ce qui concerne l'Atlantide ne peut être prouvé scientifiquement et indéniablement, car on n'a pas de preuves tangibles. Mais il reste que les civilisations égyptiennes, les Mayas, les Incas, les Aztèques qui se réclament de l'Atlantide travaillaient avec les cristaux. Encore aujourd'hui, les descendants de ces peuples travaillent avec des cristaux de quartz.

Les Tibétains et les Indiens (de l'Inde) connaissaient la force secrète des cristaux. Quand les Chinois et les Japonais trouvaient des grottes de cristaux, ils les utilisaient pour des rites initiatiques. Peut-être penserez-vous que ces peuples étaient « barbares » et que les peuples civilisés n'utilisaient pas les cristaux. Bon ! En ce cas-là, cherchons un peu.

Notre civilisation connaît la fameuse boule de cristal. Celle-ci était utilisée comme médium pour « voir » l'avenir. N'oubliez pas que cette propriété divinatoire est liée aux pouvoirs du **quartz** et non seulement à la forme sphérique de la boule, quoique celle-ci ait quand même une importance. Pour ceux qui veulent se procurer une boule de cristal, disons qu'il est important d'en choisir une en véritable cristal de quartz. La plupart des boules sont composées de cristal de plomb. Le plomb a pour effet de bloquer tout simplement les fréquences les plus hautes auxquelles normalement on désire s'adresser.

Nous avons dit que, dans la plupart de ces anciennes civilisations, c'étaient les prêtres ou les sorciers qui avaient la garde des cristaux. Regardons dans la Bible, Exode **28,** 6-12-29. Aaron porte un plastron sur lequel il y a quatre rangées de pierres, chaque rangée comptant trois pierres. Une pierre par tribu d'Israël. Ce plastron était appelé « plastron du Jugement ». C'est Yahweh qui a donné les instructions exactes pour placer chaque pierre sur ce plastron.

Certains chercheurs ont affirmé que, dans les premiers temps de l'Église, des chrétiens utilisaient, dans certains cas, des cristaux pour guérir. Ces techniques devaient venir de Jésus, car n'oublions pas qu'il faisait partie de la secte des **Esséniens. Les Esséniens étaient très avancés dans l'art de la guérison et utilisaient les plantes et les minéraux à cet effet.** Aujourd'hui, la religion catholique et ses prêtres ont oublié les pouvoirs sacrés et les rites qu'utilisaient les premiers apôtres et chrétiens. Allez demander à un prêtre de vous guérir de vos maladies et écoutez sa réponse. Loin de moi l'idée de décrier l'Église catholique, car elle peut encore avoir une grande place dans notre vie. Mais certains changements s'imposent pour retrouver la pureté originelle qu'elle avait au tout début de l'ère chrétienne.

Encore aujourd'hui, quand un évêque est ordonné, qu'est-ce qu'on lui donne ? Une bague de cristal d'améthyste, signe de pouvoir spirituel.

Si nous regardons dans le Nouveau Testament, dans Apocalypse **21,** 18-21, on décrit la nouvelle Jérusalem qui descend sur Terre en ces termes : « Une ville en or pur comme du cristal pur. » Et on nomme les douze pierres : « Le jaspe, le saphir, la calcédoine, l'émeraude, la sardoine, la cornaline, la chrysolithe, le béryl, la topaze, la chrysoprase, l'hyacynthe et l'améthyste. » La plupart de ces pierres sont des cristaux et ce sont exactement les mêmes qu'avaient les juges des tribus d'Israël sur leur plastron.

Vous pouvez personnellement faire des recherches à votre tour pour connaître l'usage que nos ancêtres ont fait des cristaux. Mais tout cela est du passé. Les méthodes de travail ont aussi changé et nous devons adapter l'usage des cristaux à notre vie **ici et maintenant.** L'usage que l'on fait des cristaux aujourd'hui préparera l'avenir de demain. Ne faites pas comme vos ancêtres atlantes ; n'utilisez pas les cristaux pour votre plaisir personnel et seulement pour satisfaire votre ego, mais servez-vous de votre nouvelle puissance et de votre richesse pour aider les autres. Utilisez votre nouveau pouvoir pour aider les gens. **Ne faites surtout pas le contraire, soit utiliser les gens pour votre nouveau pouvoir.** *Vous serez perdant à coup sûr.*

A- L'ORIGINE DES CRISTAUX

Il existe quatre royaumes sur notre chère planète Terre :
1) le royaume minéral ;
2) le royaume végétal ;
3) le royaume animal ;
4) le royaume humain.

Nous avons appris à nous servir des quatre royaumes dans notre monde quotidien, sauf que nous avons aussi appris à en abuser terriblement. Le plus répandu de tous ces royaumes est le monde minéral. Il est présent partout dans notre galaxie. Autant sur la Lune que sur toutes les planètes de l'Univers, ce royaume est partout présent. De ces quatre royaumes, le règne minéral est celui qu'on a utilisé le plus depuis l'âge de la pierre jusqu'à nos jours.

La première utilisation des roches par l'homme fut de se servir des cavernes pour s'abriter. Bien entendu, connaissant la nature de l'homme, la deuxième utilisation a sûrement été celle de se lancer des roches quand il s'aperçut ainsi qu'il pouvait dominer son voisin ! Mais cela est une autre histoire... L'invention des armes de pierre, à partir du silex, était née. Nos armes modernes, couteau, fusil, bombe nucléaire, jet supersonique, fusée, nos maisons, même les vitres et le cadrage de fenêtre d'aluminium proviennent des roches. Toutes les pièces d'une automobile, jusqu'à l'essence qui la fait fonctionner, ont cette même source. Le mobilier de votre maison, le réfrigérateur, le lave-vaisselle ont cette même provenance. Les bijoux, les pierres précieuses ont toujours exercé une grande fascination sur l'homme, comme les talismans, les porte-bonheur, les objets de culte et la monnaie.

Vous pouvez constater que le royaume minéral est le plus important sur cette planète, qui est en elle-même un véritable organisme minéral.

Malgré notre technologie avancée qui nous a permis d'aller chercher des pierres sur la Lune et à l'aide de laquelle on pourra bientôt aller en chercher sur Mars, les profondeurs de la Terre gardent leur secret. Les seuls moyens de recherche à notre disposition sont l'étude des phénomènes sismiques et volcaniques et celle des minéraux qui forment l'écorce terrestre. Ceux-ci peuvent nous aider à reconstituer certaines théories concernant la formation de la Terre. La plus répandue aujourd'hui est la théorie du big-bang. Une autre théorie est celle de l'évolution, mais elle devient de moins en moins populaire depuis l'avènement du big-bang. Ne nous lançons pas maintenant dans cette théorie, mais concentrons cet exposé sur ce grand véhicule qui flotte dans l'espace : la Terre.

Pour bien comprendre l'origine du cristal que vous avez peut-être devant vous, regardons son passé. Il a été conçu dans un ventre, comme vous, et son sein maternel est la Terre.

B- LA FORMATION DES MINÉRAUX ET DES CRISTAUX

On peut rapprocher les minéraux des roches qui forment l'écorce terrestre. Pour leur formation, nous pouvons répartir les roches en trois groupes : les roches éruptives, sédimentaires et métamorphiques.

LES ROCHES ÉRUPTIVES

Ces roches viennent du magma solidifié qui est une substance pâteuse en fusion qui se trouve à l'intérieur de la Terre. Selon la manière dont elles se refroidissent, on les classe ainsi :

A) Roches intrusives
Ces roches se cristallisent lentement, très profondément dans le globe terrestre. Plus elles sont profondes, plus elles seront re-froidies lentement et plus gros seront les cristaux dont elles seront composées. Si elles se refroidissent plus près de la surface de la terre, leur cristallisation sera plus fine. Le granite, la roche la plus commune, se forme lentement sous une pression et une tempéra-ture élevées, ce qui lui donne des minéraux totalement cristallisés. Il se compose à 60 % de feldspath potassique, à 30 % de quartz et d'autres silicates.

B) Roches extrusives (volcaniques)
Ces roches proviennent d'une éruption volcanique et devien-nent solides en surface ou à une faible profondeur. Elles consti-tuent un large groupe dont la forme la plus connue est la lave. Elle jaillit des volcans en éruption ou par des fissures. À cause du

refroidissement rapide, les roches ne forment pas de cristaux mais une substance vitreuse, grenue, ophitique, microlithique, etc. Elles viennent à la surface généralement en coulée de lave.

LES ROCHES SÉDIMENTAIRES

Par leur forme, leur composition et leur couleur, les roches sédimentaires sont extrêmement variées et représentent plus de 70 % de notre planète. Elles sont dues à l'action des agents dynamiques externes comme l'air, l'eau, le gel, les températures variées, le soleil, qui les déplacent de quelques centimètres à plusieurs centaines de kilomètres. Elles se classent comme suit :

A) Roches détritiques
Elles comprennent le grès, le sable, la vase, le gravier, etc.

B) Roches biochimiques
Ces roches d'origine chimique sont formées par cristallisation, dissolution ou réaction chimique. Les matières solubles sont entraînées soit en mer ou dans un lac où elles peuvent se solidifier sur de grandes surfaces, soit à l'intérieur de roches où elles se concentrent en certains points. Elles peuvent aussi changer la masse de la roche, comme les sables qui se cimentent pour devenir des grès.

C) Fossiles
Ils sont des restes, ou des empreintes de la vie animale ou végétale qu'on peut trouver dans les roches sédimentaires. Grâce à eux, nous avons pu découvrir des milliers d'espèces végétales et animales, aujourd'hui disparues de notre planète.

D) Roches organiques
Elles sont dues à des êtres vivants, comme la construction de récifs par les coraux, l'accumulation de coquilles, de squelettes ou de végétaux après leur mort.

LES ROCHES MÉTAMORPHIQUES

Ce sont d'anciennes roches sédimentaires dont la structure a subi une véritable métamorphose. C'est très lentement, dans les profondeurs de la terre, que s'opèrent ces transformations. On distingue :

A) Le métamorphisme de contact
Ces roches se créent très profondément, proche du magma ou de roches éruptives. Elles produisent les cornéennes, les schistes et les calcaires à minéraux.

B) Les roches cristallophylliennes
Ces roches prennent une forme feuilletée à cause de la température et de la pression qui s'exercent sur les sédiments qui s'enfoncent.

C) Il y a aussi le métamorphisme hydrothermal, le métamorphisme calaclastique et plusieurs autres métamorphismes, dont la description n'entre pas dans le cadre de cet ouvrage.

Après ce petit aperçu de la formation de certaines roches, ceux qui voudraient maintenant plus de détails n'ont qu'à consulter des ouvrages de géologie ou de minéralogie. Il existe plus de 2 000 minéraux différents inventoriés et on en trouve de nouveaux chaque année. Parlons maintenant des cristaux et de leur formation.

C) NAISSANCE DU CRISTAL

Au centre de la planète se trouve une très grande quantité de silice. Celle-ci est expulsée par de fortes pressions à l'intérieur du globe. Elle suit alors des crevasses, des failles ou des fissures dans la terre et remonte à la surface. En remontant, la silice se refroidit et entre en contact avec de la vapeur d'eau. Une réaction chimique s'ensuit, la silice absorbe l'oxygène qui provient de l'eau et libère l'hydrogène. Le bioxyde de silicium se crée, et elle demeure encore une matière molle, pâteuse, qui n'est pas encore cristallisée. Sa cristallisation va être influencée par le temps qu'elle prendra pour se refroidir, la profondeur où cette silice se trouve et les pressions thermiques de l'endroit. Plus ce processus de refroidissement est long, plus notre cristal sera clair. Le cristal, en prenant du temps à se refroidir, absorbe plus d'énergie. Par contre, si la cristallisation se fait dans un temps relativement court, le cristal sera opaque. Si, comme en Arkansas, il est proche d'un centre magnétique, il absorbera ces forces dans sa structure pendant sa cristallisation.

Si le bioxyde de silicium rencontre du fer sur son chemin et l'absorbe dans sa structure, nous obtenons alors de l'améthyste. De plus, si elle se cristallise devant une source de chaleur très forte, cette améthyste violette deviendra de la citrine et prendra une couleur jaune. La variété de quartz et de ses couleurs dépendra des éléments additionnels qu'il aura absorbés avant de se cristalliser. Donc, au cours du processus de cristallisation, chaque élément prend sa place et se cristallise selon un modèle géométrique.

Forces telluriques

Si un cristal entre en contact avec un courant tellurique pendant sa croissance, il absorbera cette énergie pure et deviendra très puissant. On a dit des Atlantes qu'ils plaçaient d'énormes cristaux sur certains centres énergétiques de la Terre. Ces cristaux étaient programmés pour amplifier les énergies telluriques de la terre et on les utilisait à des fins énergétiques (aucun besoin de pétrole, d'électricité, etc.). Les Atlantes bénéficiaient de centrales cristallo-telluriques comme nous disposons de centrales nucléaires. D'ailleurs, certains chercheurs donnent à la mystérieuse île de Pâques une racine atlantéenne. Nous connaissons maintenant quelques secrets de l'île de Pâques. Si tous les mégalithes et les roches qui s'y trouvent ont été placés de cette façon, c'est pour une raison très précise. Ils ont été disposés en des points précis qui correspondaient à des centres énergétiques de la Terre. La Terre a, comme nous, des centres énergétiques où circule l'énergie. En plaçant plusieurs roches sur ces points, et en suivant un certain graphique, ces initiés pouvaient faire circuler cette énergie pour la faire converger vers un ou plusieurs points et, selon le principe du laser, la concentrer en un point précis. Imaginez la puissance énergétique énorme que devaient obtenir les mystérieux concepteurs de ces centrales énergétiques.

Définition du cristal

Le cristal de roche est un minéral naturel, transparent et dur. Le mot « cristal » vient du mot grec *krustallos* qui signifie « glace », car les anciens Grecs croyaient qu'il s'agissait d'un morceau de glace qui s'était cristallisé dans des conditions telles qu'il était absolument impossible de le faire fondre.

Deux éléments caractérisent notre cristal de quartz : **ce sont sa transparence et sa forme géométrique.** Tous les minéraux possédant une forme géométrique sont appelés « cristal ». Au contraire, si nous observons de très près une roche ordinaire, comme du granite qui est composé à moitié de quartz, on remarque que les nombreux grains qui le composent n'ont pas de formes particulières qui lui sont propres, mais sont disposés sans aucun ordre, les uns contre les autres. Cependant, chaque grain est un cristal avec toutes ses caractéristiques.

D) FORME GÉOMÉTRIQUE ET LOI DES ANGLES

La structure cristalline provient de la disposition des atomes, elle est un arrangement ordonné d'atomes ou de molécules. Elle peut être décrite comme un empilement de cellules, dites élémentaires, qui contiennent la même distribution d'atomes; on dit alors que le cristal est **symétrique.**

Le bioxyde de silicium se cristallise à une très grande profondeur dans la terre, et les seules vibrations qui se rendent à ce niveau sont les vibrations les plus élevées, qu'on appelle les « rayons cosmiques ». Les rayons cosmiques sont des rayonnements de grande énergie qui ont des effets ionisants sur les atomes, ils proviennent du cosmos. Ces vibrations se trouvent partout dans l'Univers et elles sont mesurables à l'aide d'appareils scientifiques. Ces fréquences traversent toutes choses. Ces vibrations qui viennent du cosmos ont comme origine l'ÉNERGIE-UNE.

Une autre vibration venant du cœur de la Terre se définit comme étant la vibration de la matière terrestre. Toutes choses venant de la terre : roches, arbres, légumes, fruits, etc., reçoivent cette vibration de la matière terrestre. Notre cristal, à la profondeur où il se forme, est en contact avec cette vibration de la matière terrestre et reçoit du cosmos l'énergie la plus pure des rayons cosmiques. En s'unifiant avec ces deux vibrations, il prend une forme harmonieuse et géométrique. Le cristal se cristallise selon la loi des angles. Quel que soit l'endroit où on trouve des cristaux de quartz sur cette planète, ils possèdent tous le même angle.

Le symbole est le langage de la Nature elle-même. Par exemple, dans le rêve, notre inconscient ou notre supraconscient communique avec notre conscient par des symboles. Il suffit d'y porter attention pour ensuite les déchiffrer et les interpréter.

Selon Mikhaël Aïvanhov, les cristaux sont considérés comme des symboles du plan causal, parce qu'ils sont l'expression d'une géométrie pure. Pour lui, le règne minéral est peut-être le moins élevé, mais si « ce qui est en bas est comme ce qui est en haut », alors les cristaux reflètent le monde causal. Le cristal de quartz reflète le plan le plus élevé, le monde sublime. Ce n'est pas par hasard qu'on décrit la Jérusalem céleste dans l'*Apocalypse* comme étant faite de cristal et de pierres précieuses. Dans maints textes sacrés, on décrit souvent des lieux situés sur des plans d'énergie élevés comme étant de matière cristalline, ou on décrit des châteaux de cristaux, des chemins entourés de cristaux et de pierres précieuses, etc. Le fait de se visualiser entouré de cristaux a un effet énergisant sur le corps. Effet placebo ou effet de résonance ? À vous de décider !

Ce qui est impressionnant quand nos yeux se portent sur une magnifique pièce de cristal de quartz, c'est sa forme géométrique. Le cristal, dans sa forme hexagonale et avec sa pointe si parfaite, semble avoir été travaillé par le plus grand expert, avec des outils très perfectionnés. Pourtant, il n'en est rien. Nous sommes surpris de constater que c'est la Nature dans le sein même de notre planète qui a créé ce superbe objet d'art.

Tous les cristaux de quartz dans le monde ont exactement le même angle à la terminaison, qui est près de 52°. Les cristaux ont mis des milliers d'années pour former cette antenne de résonance avec le cosmos.

Si nous faisons un peu de recherche, nous trouverons que ce n'est pas par hasard qu'un cristal possède cet angle exact. L'angle à la base de 51° 51 correspond à celui de la **pyramide de Chéops.** On reconnaît que la pyramide demeure un véritable accumulateur d'énergie grâce à ses angles particuliers. Plusieurs recherches ont été faites sur les mystères de la pyramide. Les anciens Égyptiens étaient de grands initiés et détenaient des pouvoirs venus des Atlantes. Il est maintenant admis dans les cercles scientifiques que la pyramide n'a jamais été un tombeau de pharaon. La pyramide était utilisée pour des initiations. La forme pyramidale servait de catalyseur énergétique, qui, concentré en certains endroits intérieurs, permettait d'accéder à une autre dimension spatio-temporelle. Ce n'est pas le but de cet ouvrage de discuter des pyramides, bien qu'il soit très intéressant de savoir que la pyramide n'est en réalité qu'un immense cristal synthétique. Il est bon de mentionner que les matériaux dont on s'est servi (calcaire et granite) pour construire la pyramide contenaient du quartz en très grande quantité.

Nous savons aujourd'hui que les prêtres égyptiens possédaient des connaissances sur les énergies subtiles et la manière de les utiliser. Toute une science avait été élaborée par ces prêtres « détenteurs de la connaissance sacrée ». Nous savons, grâce à plusieurs recherches, que toute pyramide de quelque matériau que ce soit, qui a cet angle précis produit certains effets énergétiques. Divers objets placés sous une pyramide subissent une transformation énergétique. Nous entrons dans le domaine de l'émission d'ondes de forme, que nous explorerons un peu plus loin. Le cristal de quartz, par sa forme géométrique, possède des propriétés énergétiques exactes qui sont « transférées », par un effet de résonance, aux objets ou à toute matière vivante par une pénétration de leur champ de forme.

Il est intéressant de noter que l'angle du cristal est en rapport avec celui du fameux triangle d'or.

L'angle du cristal de quartz est aussi en rapport avec le nombre d'or. Le nombre d'or n'est pas un nombre ordinaire. C'est le nombre qui, augmenté ou diminué de 1, est égal à son inverse, ce qui donne cette équation :

$$\frac{+-1 + \text{racine carré de 5}}{2} = 1,618$$

Le nombre d'or était connu des initiés égyptiens et grecs, et il était communiqué par des textes secrets que se passaient les initiés ou par l'architecture qu'ils utilisaient. La pyramide de Chéops et de fabuleuses cathédrales furent bâties selon les proportions du nombre d'or. Les constructions établies selon ces proportions dégageraient des vibrations estimées comme les plus équilibrantes et les plus harmonieuses.

Prenons la « série Fibonaci », qui est une suite de nombres dont chaque chiffre est la somme des deux précédents : 1, 1, 2, 3, 5, 8, 13, 21, 34, 55, 89…

Nous nous acheminons, d'une manière constante, vers le nombre d'or. La nature applique ce nombre secret dans la croissance des plantes et dans la manière dont elle dispose les graines de plusieurs fleurs. La nature a aussi imprimé ce nombre secret dans le cristal de quartz. Donc, nous savons que la propriété énergétique du cristal de quartz vient de sa structure atomique régulière et précise. Par contre, son angle naturel permet l'émission d'ondes de forme dans son environnement. Ces ondes de forme dégagées par le cristal constituent une énergie équilibrante et harmonieuse.

E) LE CRISTAL ET L'ÉMISSION D'ONDES DE FORME

Avant d'aller plus loin, définissons brièvement ce qu'est une onde de forme. Dans la physique micro-vibratoire, toute forme d'objet émet une onde qui affecte son environnement. Cette onde de forme ne vient pas de la matière de l'objet mais bien de sa forme. Cette onde de forme peut être enregistrée à l'aide d'appareils spécialisés.

L'émission d'ondes de forme génère des forces par alignement qui peuvent se propager au-delà d'un angle pour ensuite former des angles fictifs (fig. a). Prenons maintenant la forme hexagonale de notre cristal de quartz et examinons le prolongement de ces ondes de forme; nous découvrirons quelque chose de passionnant.

La forme hexagonale de notre cristal reflète le symbole du sceau de Salomon vu sous l'émission d'ondes de forme (fig. b). Les ondes de forme dégagées par le cristal auraient un effet neutralisant. Selon la physique microvibratoire, ces ondes neutraliseraient toute onde nocive qui viendrait à son contact. Les anciens considéraient le cristal de quartz comme un outil qui protégait celui qui le portait contre toute attaque psychique ou envoûtement. Selon les Indiens, le cristal de roche aurait la propriété de protéger l'aura de celui qui le porte.

La constance qu'a le cristal de quartz dans ses angles fait partie de son harmonie, donc de sa forme géométrique. Si le cristal de quartz ne s'harmonisait pas, il prendrait la forme d'un granite ou d'une agate qui, même s'ils sont du quartz, n'ont pu s'harmoniser.

Est-ce un hasard si le cristal possède en lui toutes ces propriétés énergétiques autant visibles qu'invisibles? La Nature, en fabriquant les cristaux de quartz dans le sein de la terre, ne nous livre-t-elle pas un de ses plus grands secrets?

L'émission d'ondes de forme

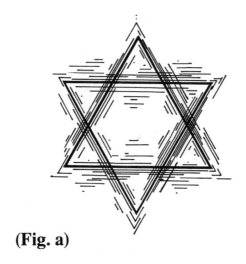

(Fig. a)

Structure hexagonale du cristal

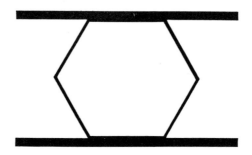

(Fig. b)

F) CARACTÉRISTIQUES ET PROPRIÉTÉS DES CRISTAUX

Passons maintenant en revue ce qui constitue les éléments distinctifs, reconnaissables des cristaux, ainsi que leurs propriétés physiques. Je donnerai une brève explication de chacune des propriétés en les comparant avec les caractéristiques du cristal de roche. Les lettres **C.Q.** dans le texte signifient cristal de quartz.

I. La formule chimique indique la structure atomique des minéraux ou des cristaux.
C.Q. : Si O_2

II. La densité est le rapport qui existe entre la masse d'un certain volume d'un corps et celle d'un même volume d'eau. Pour calculer la densité d'un minéral, on le pèse dans l'air et ensuite dans l'eau. Nous obtenons le poids en soustrayant ces données.
C.Q. : Densité 2,6

III. La dureté d'un minéral est déterminée par sa résistance aux égratignures. Voici l'échelle de Moh, qui indique le degré croissant de dureté des minéraux : 1. Talc ; 2. Gypse ; 3. Calcite ; 4. Fluorine ; 5. Apatite ; 6. Orthose ; 7. **Quartz** ; 8. Topaze ; 9. Corindon ; 10. Diamant.
Si un minéral raye la calcite mais est rayé à son tour par la fluorine, on dira que sa dureté est d'environ 3,5.

IV. Le clivage est la propriété qu'a le minéral de se fendre dans le sens naturel de ses couches lamellaires ; celles-ci sont déterminées par sa structure moléculaire.
C.Q. : Les liaisons atomiques du cristal de quartz sont assez fortes pour rendre impossible le clivage.

V. L'éclat d'un minéral dépend de sa capacité d'absorption, de réflexion ou de réfraction de la lumière. Il peut être :

A) adamantin   = brillant comme le diamant
B) gras   = a l'éclat d'une matière grasse
C) métallique   = a l'éclat du métal
D) nacré   = a l'éclat irisé
E) résineux   = a l'éclat d'un produit résineux
F) soyeux   = a l'éclat de la soie
G) vitreux   = a l'éclat du verre
C.Q. : son éclat est vitreux.

VI. La couleur des minéraux provient de leur composition chimique. La couleur du minéral dépend du spectre lumineux qu'il absorbe. Il renvoie la couleur qui est composée d'ondes non imprégnées.
C.Q. : Il est incolore à l'état pur, mais peut se teinter suite à des inclusions ou impuretés contenues à l'intérieur. Ces inclusions ou fractures dans le cristal produisent un arc-en-ciel, ou le spectre de la lumière. Le cristal de quartz à l'état pur absorbe totalement le spectre lumineux ; il contient par le fait même toutes les couleurs et c'est la raison pour laquelle il ne renvoie pas de couleur. Nous verrons, dans un prochain ouvrage de cette série, que le cristal absorbe sept rayons lumineux. Ces rayons sont en résonance avec nos sept chakras et ils nous permettent de faire un travail de rééquilibrage ou d'énergisation.

VII. La fusion est le passage d'un corps solide à l'état liquide sous l'action de la chaleur. On se sert d'un chalumeau à bec bunsen dont la flamme peut être réglée à 1 300° C.
C.Q. : Le cristal de quartz est infusible à la chaleur du chalumeau.

VIII. La réfringence est la propriété de réfracter la lumière. La réfraction est la déviation d'un rayon lumineux qui franchit la surface de séparation de deux milieux, dans lesquels il se propage à des vitesses différentes.
C.Q. : Il est biréfringent, ce qui veut dire que, grâce à son corps transparent, il divise en deux le rayon lumineux qui le pénètre.

IX. Le magnétisme est un phénomène que nous rencontrons uniquement dans un petit nombre de minéraux, mais pas dans le cristal de quartz. Tout le monde connaît l'aimant ; la magnétite en est un, ainsi que la pyrrhotine. Par contre, le cristal émet de l'énergie électromagnétique.

X. Les propriétés électriques. Certains minéraux émettent de l'électricité quand ils sont soumis à une pression. On appelle cela la **piézo-électricité.** La pyro-électricité est le phénomène par lequel certains cristaux acquièrent des charges électriques sous l'effet de la chaleur.

C.Q. : Il est piézo-électrique et pyro-électrique.

XI. L'origine du quartz. Le quartz peut être d'origine pegmatite, pneumatolithique, hydrothermale, sédimentaire ou métamorphique.

XII. La formation des cristaux. Au moment de la cristallisation, les cristaux s'assemblent pour former des groupes cristallins. Ces groupes peuvent être uniquement composés de cristaux de quartz, et ils forment alors un **groupe homogène,** ou bien ils peuvent être groupés avec d'autres cristaux, et on dira alors qu'ils forment un **groupe hétérogène.** Ces groupes de cristaux peuvent se former dans une **géode** (fig. a), qui est une masse pierreuse sphérique ou ovoïde, creuse, dont l'intérieur est tapissé de cristaux. Ils se forment aussi en groupe dans les veines souterraines. Dans ce dernier cas, ils forment des **agglomérats de cristaux** (fig. b).

Il arrive fréquemment de trouver des cristaux associés étroitement, comme si le cristal s'était dédoublé ; c'est un **cristal siamois** (fig. c). C'est là un cristal intéressant avec lequel on peut travailler.

Nous trouvons aussi des cristaux qui possèdent, le long de leur structure, un petit cristal greffé, appelé **cristal à gâchette** (fig. d).

ORIGINE, FORMATION
ET CARACTÉRISTIQUES DES CRISTAUX

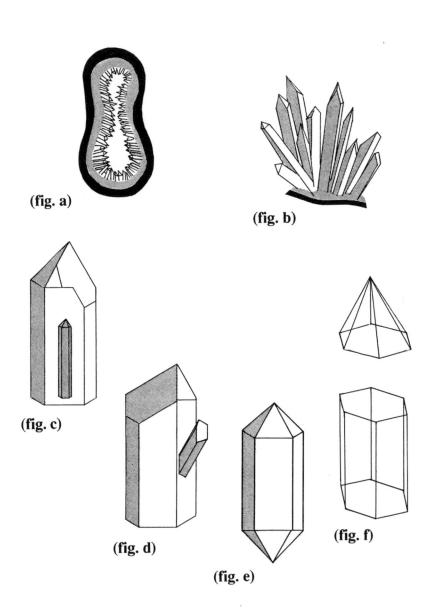

(fig. a)

(fig. b)

(fig. c)

(fig. d)

(fig. e)

(fig. f)

Un cristal grandit quand de minces couches de matière se superposent continuellement, selon des lois symétriques bien précises. Ces lois de symétrie bien caractéristiques vont nous amener à différentes formes cristallines. Ces dernières sont réparties en sept systèmes cristallins :

1) **Le système cubique**
2) **Le système tétragonal**
3) **Le système hexagonal**
4) **Le système rhomboédrique**
5) **Le système orthorhombique**
6) **Le système monoclinique**
7) **Le système triclinique**

Cet ouvrage étant basé sur le cristal de roche, nous n'étudierons que celui-ci. Ce cristal d'aspect prismatique hexagonal (fig. e) est terminé à une ou deux de ses extrémités par une pyramide, résultat de la combinaison du rhomboèdre de base avec un rhomboèdre inversé pareillement développé (fig. f).

5. QUELQUES FAMILLES DE CRISTAUX

Une erreur que font plusieurs débutants est de travailler avec trop de cristaux différents en même temps, sans même les connaître, ce qui peut parfois annuler les effets de certains cristaux. Je ne voudrais surtout pas que vous pensiez que le cristal de quartz est supérieur à tous les autres cristaux naturels. Les autres cristaux peuvent vous aider dans certains aspects de votre vie, mais vous devez être patient et ne pas brûler les étapes.

Prenons l'exemple de l'obtention d'un permis de conduire. Il vous a fallu apprendre la théorie, les règles de base, les lois de la circulation, les règles de la prudence, etc. Ensuite, on vous a guidé dans la pratique de la conduite. Imaginez maintenant que vous voulez apprendre à conduire et qu'on vous donne un bout de papier en vous disant de partir seul en voiture et d'aller vous exercer sur l'autoroute. Quel danger public vous serez alors ! Par analogie, c'est un peu ce qui se passe avec les cristaux. On choisit toutes sortes de cristaux pour leur beauté et on essaie de les programmer sans savoir à quoi ils peuvent servir. Ne faites pas cette erreur. Étudiez, assimilez et exercez-vous.

Un des cristaux les plus populaires aujourd'hui est le cristal de verre, appelé aussi cristal de plomb. On l'utilise pour fabriquer des vases, des verres, et toutes sortes d'ornements et de bibelots. Un commerce très florissant est à l'heure actuelle celui des pyramides, pendentifs, boules de « cristal », etc.

Cependant, le cristal de plomb, même s'il en porte le nom, n'est pas un vrai cristal. Il est fait de verre et est donc synthétique. Cela ne lui enlève pas sa beauté car il fournit un très bel arc-en-ciel lorsqu'il est placé au soleil, mais il est sans effets dans les plans subtils. Vous ne pouvez pas travailler avec ses énergies puisque sa structure n'est pas régulière ; il n'a pas les propriétés et les énergies que le cristal naturel a emmagasinées depuis des milliers d'années.

Du verre reste du verre, et vous comprendrez facilement que vous ne pouvez pas travailler avec les énergies des vitres de votre maison. Même si on utilise du sable (qui contient du quartz) dans le cristal de plomb, ce cristal n'a qu'un taux vibratoire très bas à côté d'un cristal de quartz. Donc, vous êtes extrêmement limité avec un cristal de plomb et c'est la raison pour laquelle je ne le recommande pas.

Cependant, certaines personnes conseillent de travailler avec des cristaux synthétiques, les préférant même aux cristaux naturels. Comme nous l'avons déjà mentionné, les énergies du cristal de verre ne peuvent, en aucun cas, vous rendre les services d'un cristal de quartz. En ce qui concerne la pyramide de verre, son énergie provient de sa FORME et non de sa FORCE.

Vous ne pourriez pas utiliser des cristaux synthétiques industriels fabriqués en laboratoire, car ils sont faits de matériaux synthétiques. Ils sont donc artificiels, même si la plupart ont des formes et des capacités d'énergies terrestres, et ils ne sont pas compatibles avec les énergies de votre corps.

Dans certains endroits, on vend des prétendus « cristaux » qui ne sont, en réalité, que du verre poli en forme de cristal. Cette imitation peut être plus belle qu'un véritable cristal de quartz, mais vous ne donneriez sûrement pas une bague de zircon à quelqu'un en lui disant que c'est un diamant.

Si l'on compare une de ces imitations à un vrai cristal, on constate qu'ils sont identiques. **Donc, qu'est-ce qui fait la supériorité du cristal de quartz ?**

Si on ne pouvait pas y répondre, l'utilisation du cristal de quartz ne serait que de la fumisterie. Alors, le cristal ne serait qu'un vulgaire porte-bonheur ou talisman et il donnerait des résultats à la mesure de notre foi, comme nous pouvons avoir foi en une patte de lapin.

Cristal de quartz contre cristal de verre

Toute la crédibilité de notre cristal de quartz est contenue dans cette petite question : qu'est-ce qui fait la supériorité du cristal de quartz ? Il faut bien comprendre que l'énergie du cristal ne provient pas seulement de sa forme extérieure, mais bien de sa **structure interne et moléculaire.** Voyons en détail cette question.

Le verre est une matière non cristalline appelée aussi amorphe ou vitreuse. Les liaisons chimiques entre les atomes sont de même nature que dans la phase cristalline, et la forme extérieure locale se ressemble parfois. Seulement, dans un cristal, les liaisons chimiques entre atomes se propagent rigoureusement selon des symétries très précises. Dans le verre, les orientations respectives des groupements d'atomes semblent ne pas avoir de liens réciproques au-delà d'une certaine distance. Donc, le verre a un ordre local et un désordre à grande distance. Le cristal, par sa structure, assure la plus grande stabilité. Pour faire, avec ce verre, différentes formes (des pyramides, des boules de cristal, des larmes, des sphères, etc.), les matériaux sont obtenus par refroidissement à partir de leur fusion à l'état liquide. Si la vitesse de trempe est assez rapide, nous dirons alors que c'est une substance **amorphe.** Le cristal de verre ne change rien à la liaison atomique désordonnée, à une chaleur ordinaire, à laquelle les atomes resteront immobiles dans une position quelconque. Si nous chauffons ce verre à haute température, la viscosité diminue et la fluidité augmente. Autrement dit, ce verre **fond** et cela n'est pas un changement d'état, car le verre, qui n'a pas de structure atomique comme le cristal de quartz, n'est pas solide mais n'est qu'un liquide particulièrement visqueux et maintenu en place.

Donc, appeler un verre « cristal » est un non-sens. On peut associer le cristal à l'idée de pureté (on dit « un son cristallin, une eau cristalline ») alors qu'au contraire une personne « amorphe », un regard « vitreux » n'a rien d'attrayant en soi.

Nous avons vu que la différence est dans la structure interne. N'oublions pas que le cristal de quartz est une création de Dieu tandis que le verre est une création de l'homme; voilà toute la différence !

Maintenant que ce point est élucidé, voyons les autres sortes de cristaux naturels. Je n'ai choisi que la famille du quartz, car le quartz est considéré comme le maître des minéraux.

AGATE. Cette pierre fait partie de la famille des calcédoines. Elle est finement zonée, avec des teintes nuancées et contrastées. Elle est translucide et peut occasionnellement être transparente. Elle favorise un meilleur équilibre physique et émotionnel. Elle augmente aussi le niveau de conscience. L'agate propage une énergie apaisante et fortifiante. Elle donne du courage et développe la confiance en ses possibilités. Ses propriétés sont différentes selon ses couleurs.

AMÉTHYSTE. Ce magnifique cristal d'un ton violacé varie de violet très pâle à mauve. Il est un des cristaux les plus bénéfiques après le cristal de roche. C'est un cristal idéal pour la méditation et les travaux sur les rêves. On dit de ce cristal qu'il combat les effets de l'alcool et aide à rester sobre. On dit même que cette pierre pourrait aider à guérir la planète, du fait de sa nature spirituelle.

Elle a la propriété d'absorber les mauvaises énergies ou les influences néfastes. Elle est fréquemment utilisée pour purifier les cristaux. Placez votre cristal personnel sur une améthyste pour qu'elle en absorbe les impuretés. Il est recommandé de purifier périodiquement l'améthyste pour la dégager de toutes les impuretés qu'elle accumule au fil du temps. Ce cristal est donné à chacun des évêques de la religion chrétienne, car cette pierre symbolise le pouvoir spirituel. On en fait mention à plusieurs reprises dans la Bible. Elle était une des pierres du plastron du Jugement (Exode **28**, 6-29). L'améthyste renforcerait les glandes endocrines et le système immunitaire. La fréquence du rayon violet transmuterait nos qualités négatives en qualités positives et serait bénéfique pour tous les désordres psychiques.

L'améthyste a une influence sur le cerveau droit, ainsi que sur les glandes pituitaire et pinéale, ce qui en fait une pierre idéale pour toute personne intéressée à la maîtrise de soi sur le sentier de la Connaissance. Ce cristal est fréquemment utilisé pour la guérison et la croissance personnelle.

AVENTURINE. Ce cristal est de couleur bleue, brune, rouge ou verte. Cette pierre possède des vertus de guérison et serait bénéfique pour le système nerveux. L'aventurine la plus commune est de couleur verte. Elle aide à la purification et à la réharmonisation de nos différents corps énergétiques (éthérique, émotionnel et mental).

L'aventurine est une excellente pierre pour nous aider à affronter le stress journalier. Elle aide à éliminer l'anxiété et à affronter les tâches journalières. Elle apporte la santé et le bien-être.

CALCÉDOINE. Cette pierre est de la silice cristallisée. Elle est composée de cristaux de quartz microscopiques placés en bandes colorées. De cette variété, viennent l'agate, la chrysoprase, la cornaline, le jaspe, l'onyx et la sardoine.

CALCITE. Elle est de forme cubique et transparente. Son pouvoir de diffraction de la lumière est beaucoup plus fort que celui du quartz. La calcite aurait la capacité d'équilibrer les polarités féminine et masculine en nous. Elle augmenterait la capacité de « voyager » dans l'astral. Excellente pour équilibrer le corps émotionnel, la calcite diminue les énergies excessives. Elle favorise le bon fonctionnement des reins, du pancréas et de la rate.

CITRINE. Le cristal de citrine est énergétique. Sa couleur varie de jaune pâle à jaune-brun. Ce cristal est en relation avec le soleil et l'énergie solaire. Utilisé sur le plexus solaire (3e chakra), il travaillera sur l'émotivité. Il purifie le sang et s'avère bénéfique pour ceux qui ont des troubles liés au taux de sucre dans le sang. Il aide aussi les dépressifs. Ce cristal est excellent pour les reins, la vésicule biliaire, les organes digestifs, le foie et le cœur.

CORNALINE. Cette variété de calcédoine est généralement de couleur orange. Elle vitalise le corps physique et le corps énergétique. Cette pierre de guérison très puissante attire dans notre système circulatoire l'Énergie-Une. Elle favorise la concentration et est excellente pour la rate, les reins, le pancréas et la vésicule biliaire.

CRISTAL DE ROCHE. Ce puissant amplificateur de la pensée peut entrer en contact avec les fréquences les plus élevées. Il contient tout le spectre lumineux. Il protège le corps contre les actions nocives d'autrui et de l'environnement. Il nous permet d'entrer en contact avec des plans interdimensionnels par le supraconscient. Ce cristal active le processus de la guérison physique et psychique. Il nous permet d'entrer en relation avec nos différents corps. Il nettoie et active les propriétés cristallines du sang et du corps. Que dire de plus, sinon qu'il est le roi des quartz et des pierres.

HERKIMER (DIAMANT). Ce cristal est une variété de quartz qui provient de la ville d'Herkimer, dans l'État de New York. Ce cristal de quartz, avec ses deux terminaisons, est très brillant, d'où son nom de diamant. Il ne croît pas en groupe comme les cristaux de quartz, mais séparément dans une roche. La silice se dépose dans des petites poches d'air et pousse séparément.

Le diamant d'Herkimer est dix fois plus puissant qu'un cristal ordinaire de même grosseur. Il favorise la conscientisation des rêves et la projection astrale. Les Amérindiens disaient du diamant d'Herkimer qu'il protégeait le corps physique contre toute influence néfaste pendant la « sortie » en astral et aidait le corps astral à mieux intégrer le corps physique. Il possède de très grands pouvoirs curatifs. Ce cristal aide à accroître les pouvoirs psychiques. Placé sur le chakra frontal pendant une méditation, il aide à entrer en contact avec la mémoire universelle pour y obtenir des renseignements. Il purifie nos différents corps énergétiques et les harmonise. Il réduit aussi le stress.

JASPE. C'est un membre de la famille des calcédoines. Il peut être rouge, jaune, vert ou brun. Il est utilisé pour guérir. De couleur rouge, il aide à se relier à la terre et à garder les pieds sur terre. Il renforce la vessie, le foie et la vésicule biliaire.

ŒIL-DE-CHAT. Cette pierre est aussi appelée œil-de-tigre. Elle est composée de différentes couches de couleurs, passant de brun pâle à brun foncé. L'œil-de-chat possède la particularité de ressembler à un œil de félin et d'être iridescent, ce qui veut dire qu'il prend les couleurs prismatiques. Cette pierre aide à acquérir plus de confiance en soi, plus de volonté, et favorise la concentration. Elle équilibre le corps astral, diminue les énergies excessives. Elle est excellente pour le bon fonctionnement du pancréas, de la rate, des organes digestifs et du côlon.

QUARTZ FUMÉ. Ce cristal de quartz est d'une couleur foncée qui peut varier de brun à noir. Certains de ces quartz fumés doivent leur couleur foncée à la présence de titanium ou de radium, qui sont des éléments radioactifs. Ces pierres peuvent être bénéfiques pour ceux qui suivent des traitements de chimiothérapie ou qui ont une maladie liée aux radiations. Le quartz fumé aide les dépressifs et ceux qui ont des blocages au niveau du subconscient. Il aide à diminuer la négativité. Il relie à la terre. Ce quartz est de polarité opposée à celle de l'améthyste. Il est en relation avec l'énergie de la kundalini. Vous ne devez vous servir de cette pierre que si elle vous est recommandée.

QUARTZ ROSE. Le cristal rose est très rare ; on le trouve surtout en masse pierreuse. Il est très intéressant de travailler avec cette pierre et sa beauté est remarquable. Son énergie est surtout émotionnelle. Il est donc excellent pour tout travail sur l'amour ou sur les états émotifs. Il aide à diminuer le stress, les déséquilibres sentimentaux et émotionnels. Il apaise les émotions négatives, les blocages énergétiques causés par la peur, la jalousie, la haine, le ressentiment et la crainte.

Cette pierre, appelée « pierre de la compassion », prédispose au pardon. Elle apporte plus de confiance en soi et développe la pensée créatrice. Vous pourriez vous en servir pour amplifier vos pensées d'amour, que ce soit pour vous-même ou pour autrui. Après l'améthyste, c'est une pierre que tout le monde devrait avoir chez soi. Il est, dit-on, recommandé aux vendeurs et à tous ceux qui cherchent à acquérir la prospérité financière. Il est excellent pour le système circulatoire, le cœur, les maladies cardiovasculaires et le foie. Il diminue les problèmes sexuels liés aux émotions.

RHODONITE. Cette pierre augmente l'énergie du corps physique et du corps mental. Elle est recommandée pour les troubles de la mémoire. Elle diminue le stress, apaise l'anxiété, les troubles physico-émotionnels et les traumatismes. Elle est aussi excellente pour les systèmes immunitaire, nerveux, la glande thyroïde, le pancréas et la glande pituitaire. Elle augmente les réflexes. Cette pierre est recommandée pour tous ceux qui travaillent dans des bureaux.

SODALITE. De couleur bleu foncé, cette pierre est excellente pour toute personne qui utilise la communication dans son travail. Elle augmente la pensée créatrice, apaise la peur, tranquillise l'esprit. Considérée comme un sédatif léger, elle prédispose au sommeil. Elle harmonise le système endocrinien et renforce le métabolisme du corps et le système lymphatique.

TOURMALINE. La couleur de ce cristal varie. Il peut être noir, vert olive ou vert foncé, et parfois on peut en trouver des rouges, des oranges ou des bleus. Il possède des propriétés électromagnétiques. Il vitalise et permet l'unification du corps et de l'esprit. Ce cristal prédispose au sommeil, favorise la concentration et l'inspiration créatrice. Il a de grandes propriétés curatives. Il équilibre les glandes endocrines. On l'utilise pour guérir certaines maladies intestinales.

Il existe plusieurs autres variétés de cristaux, que ce soit le diamant, l'émeraude, le saphir, le rubis, la fluorite, le zircon, le grenat, etc. Mais certains de ces cristaux étant des pierres précieuses, ils sont coûteux. La connaissance de ces autres cristaux est essentielle pour faire un travail sur nos centres énergétiques et nos chakras.

II. EXERCICES PRATIQUES

1. PROPRIÉTÉS ÉNERGÉTIQUES DES CRISTAUX

Plusieurs personnes (surtout les esprits « cartésiens ») ont de la difficulté à croire qu'un cristal, surtout un petit, peut avoir autant d'énergie et de pouvoir. **Il est très important, quand nous parlons de l'« énergie » du cristal, de comprendre que ce n'est pas seulement l'énergie de celui-ci que nous utilisons, mais l'énergie que ce cristal puise dans l'Univers.** Donc, le cristal est un outil énergétique qui reçoit son énergie du cosmos, et ce n'est donc pas une espèce de « pile » qui aurait une énergie limitée.

Certaines personnes peuvent comprendre l'utilité des cristaux de quartz dans les radios, postes émetteurs-récepteurs, ordinateurs, télévisions, etc. Elles ne peuvent la nier, car la science les utilise tous les jours ; grâce à ces cristaux, la science a fait un bond prodigieux, surtout dans le domaine de la communication. Mais dès que l'on parle de l'utilisation des cristaux à des fins personnelles, les voilà sceptiques. Afin de faire réfléchir nos amis les sceptiques, prenons comme exemple la radio. Nous savons qu'elle a une bande AM-FM, comportant une multitude de stations, d'où nous pouvons recevoir des quantités d'informations sur la météo, sur des sujets variés, et d'où nous pouvons obtenir des informations presque instantanément en provenance du bout du monde.

Vous n'avez probablement aucune idée de la manière dont cette radio fonctionne, mais elle fonctionne quand même. Vous direz sûrement que vous savez que cette radio capte des ondes dans l'atmosphère, ou, du moins, vous l'avez appris. Mais pouvez-vous voir ces ondes ? Sûrement pas, mais vous savez qu'en ce moment même, ces ondes se promènent autour et même à travers vous.

Pour « ouvrir » la conscience des sceptiques aux énergies subtiles des cristaux, laissez-moi vous raconter cette autre petite histoire.

Imaginez que vous arrivez dans une jungle au fin fond d'un pays où « notre civilisation » ne s'est jamais rendue. Vous rencontrez un indigène (sceptique) avec qui vous communiquez et vous lui montrez votre radio-cassette. Après qu'il vous ait considéré comme un dieu pour avoir entendu votre petite radio à pile, vous lui montrez une pile et vous lui expliquez que c'est grâce à cette pile que la radio fonctionne. Il pourrait avoir l'une des trois réactions suivantes :

1) Il vous traite de fou dans son dialecte et, après avoir mis la pile dans son oreille, il vous dit qu'il n'entend rien et ne voit rien de particulier sortir de cette pile.

2) Après avoir remis cette pile dans la radio, il est tout étonné d'entendre des voix et de la musique. Il conclura qu'il y a sûrement des petits bonhommes dans cette pile et il les cherchera.

3) Après l'avoir informé de l'usage de la pile et de son énergie, vous lui expliquez que, grâce à cette énergie, vous pouvez capter les ondes et les informations, qui ne sont pas contenues non dans la radio même, mais que la radio capte pour vous grâce aux ondes qui se promènent mais qu'il ne peut pas voir, et puis que cette petite chose en plastique est une cassette qui… Cependant, je vous souhaite d'avoir beaucoup de patience pour expliquer tout cela à un indigène…

Si vous comprenez bien cette analogie de la radio, vous saisirez beaucoup de choses.

Cassette et pile   = **cristal**
Radio   = **votre cerveau**
Onde   = **énergie cristalline, Énergie-Une.**

Vos cristaux sont semblables à une pile qui donne ou reçoit de l'énergie, qui capte les ondes, et, tout comme la radio-cassette, vous pouvez emmagasiner de l'information à l'intérieur. Tant que votre programmation (enregistrement) est claire, vous obtiendrez ce que vous lui avez transmis. Mais il lui faut, pour capter ces énergies, un cerveau (radio-cassette). Le cristal en lui-même ne gardera que son énergie propre si vous ne le programmez pas. Il n'est qu'un outil, un instrument qui peut vous aider si vous savez comment l'utiliser. Comme la radio ne fonctionnera que si vous mettez le commutateur en marche. Nous allons maintenant vous expliquer comment votre cristal travaille et avec quelle énergie.

Avant de parler de l'énergie et des propriétés des cristaux, nous devons nous poser cette question :

A) QU'EST-CE QUE L'ÉNERGIE ?

Énergie veut dire « force en action ». L'énergie, les vibrations et la matière demeurent la même chose. Les physiciens nous disent que notre forme physique consiste en de l'énergie et que toutes les formes, objets et tout ce qui existe dans l'Univers sont la manifestation d'une énergie vibratoire de fréquences diverses. Toute matière est donc de l'énergie en mouvement. Mais qu'est-ce que la matière ?

La matière se réduit à un jeu de combinaisons des atomes. Elle est composée de particules fondamentales, de petits corps élémentaires qui s'unissent ou se séparent en obéissant à des lois naturelles. La matière peut être solide, liquide ou gazeuse.

Un solide cristallin est formé d'un empilement régulier de molécules ou d'atomes, alors que dans un gaz les atomes sont presque isolés, indépendants les uns des autres, et se répartissent au hasard dans tout le volume disponible. Dans un liquide, les atomes sont plus rapprochés que dans l'état gazeux et leur attirance électrique est évidente, mais ne suffit pas à garder une structure définie.

B) ATOMES ET ÉNERGIE

Disséquons notre cristal. Prenons une toute petite partie qui peut s'appeler une **particule**; celle-ci est une infime partie de votre pierre. Si nous prenons un morceau plus petit, nous l'appelons une **molécule**; au delà des molécules, la matière perd ses propriétés. Si on divise une molécule d'eau, on obtient de l'hydrogène et de l'oxygène. Il existe plus d'une dizaine de millions de molécules différentes, ce qui explique la diversité du monde dans lequel nous vivons. Les molécules sont des assemblages d'**atomes**. Par exemple, l'eau est constituée d'un atome d'oxygène et de deux atomes d'hydrogène, ce qui donne : H_2O.

Une centaine d'atomes différents construisent toutes les molécules. Un atome contient des **protons** et des **neutrons**, qui forment un noyau central possédant une charge électrique positive et autour duquel gravitent des électrons négatifs. Donc, les plus petites parties de matière sont réduites à trois : *proton, neutron, électron.* Si nous considérons celles-ci comme des « briques », avec ces trois briques seulement, nous pouvons construire tout l'Univers. Ce qui veut dire que la matière, même la plus dure, est essentiellement du « vide ». Si la taille d'un atome est de quelque 0,00000001 cm, celle du noyau atomique est de l'ordre de 0,0000000000001 cm seulement. Quand à l'électron, s'il a une taille, elle serait approximativement de moins de 0,0000000000000001 cm. Actuellement, l'électron est traité comme un point sans dimension.

Donc, nous savons maintenant que notre cristal ou tout autre objet, **n'est pas aussi inanimé qu'on aurait pu le croire**, mais qu'il est un agglomérat d'atomes qui sont reliés sans toutefois se toucher. Si nous étions assez petits, nous pourrions passer à travers un cristal sans toucher à rien. Si nous étions capables, à l'aide d'une baguette magique, de rendre le noyau d'un atome aussi gros qu'une pomme, un électron serait encore plus petit qu'un grain de sable et le plus éloigné tournerait à une distance de six kilomètres du centre de la pomme.

C) L'ÉNERGIE CRISTALLINE

Vous avez appris que le cristal, comme toute matière, n'est qu'énergie. Mais le cristal, par sa structure interne et ses liaisons atomiques, est en parfaite harmonie. Pour mieux comprendre les énergies du cristal, nous devons parler de deux sortes d'énergie (qui sont en réalité la même) : **l'énergie terrestre**, qui comprend les propriétés physiques du cristal et qui intéresse la science, et **l'énergie céleste**, qui est une énergie subtile permettant à notre mental d'entrer en contact avec le cristal et les plans énergétiques. La première est facilement mesurable par des appareils, mais la deuxième n'est pas quantifiable, car elle se compose d'émotion, d'intuition, de pensée et d'intention. Bien que cet ouvrage ne soit pas axé sur l'utilisation des cristaux pour la science, voici quelques explications concernant l'énergie physique (terrestre), qui vous aideront à mieux comprendre les relations avec les énergies célestes.

Énergie physique (terrestre)

La plus importante propriété du cristal est la **piézo-électricité**. C'est cette qualité que la science a utilisé le plus.

PIÉZO-ÉLECTRICITÉ. Les atomes qui composent sa structure sont répartis harmonieusement. Si vous preniez un petit maillet et que vous frappiez le cristal, vous débalanceriez pendant ce court laps de temps sa liaison atomique et il se produirait un éclair de lumière que vous pourriez voir si vous étiez dans une pièce sombre. Vous pouvez faire cette expérience en frappant deux cristaux ensemble. Toutefois, veillez à ne pas les frapper trop brusquement, pour ne pas les briser. Quand on compresse sa structure, les atomes se rapprochent et des électrons sont relâchés, ce qui libère une quantité de lumière qui permettait aux électrons de rester en place. Aussitôt que la compression est arrêtée, le cristal reprend d'autres électrons et sa structure atomique retrouve son harmonie.

Donc, si vous le compressez, il émet de l'électricité. Grâce à cette propriété et à l'aide d'appareils, on envoie de l'électricité à l'intérieur du cristal. Quand on envoie une charge d'électrons, le cristal est alors surchargé (il a trop d'électrons), il se gonfle, il se contracte et reprend sa forme originale, jusqu'au moment où un autre courant le fasse se contracter. C'est cette vibration que l'on mesure à chaque seconde (v/s) et dont on se sert dans la communication, les montres au quartz, les phonographes, les émetteurs-récepteurs et tous les résonateurs à quartz.

PYRO-ÉLECTRICITÉ. Ce phénomène est semblable au précédent, sauf que nous envoyons de la chaleur à l'intérieur du cristal, ce qui le fait se contracter, et, aussitôt qu'il refroidit, il reprend sa forme naturelle.

BIRÉFRINGENT. Si on envoie de la lumière dans le quartz, il va la diviser en deux rayons lumineux. Cette propriété est surtout utilisée dans la science de l'optique.

COULEUR. Si nous chauffons certains cristaux, ils changeront de couleur et ils se transformeront. Si nous prenons une améthyste, qui est violette, et que nous la chauffons à haute température, elle deviendra de couleur jaune-brun. Notre améthyste sera transformée en citrine. L'explication de cette transformation n'entre pas dans le cadre de notre ouvrage.

Nous avons vu que, dans chacun de ces cas, d'une action commise a résulté une réaction différente. Le cristal a la propriété de transformer l'énergie. Il amplifie, emmagasine, focalise, transforme et transmet l'énergie. Nous avons vu, dans le chapitre consacré à la technologie du cristal, ses cinq propriétés terrestres. Voyons maintenant ses propriétés célestes.

Énergies célestes

Tout ce qui existe dans l'Univers (vibration, chaleur, électricité, onde, couleur) est de l'Énergie-Une, concept que nous élaborerons dans un chapitre ultérieur.

Si vous comprenez bien ce concept, vous avez une clé pour la connaissance de cet Univers. Tout est énergie et toute cette énergie est la même, mais composée d'ondes et de vibrations différentes. Votre cerveau émet de l'énergie et c'est cette énergie que vous véhiculez dans le cristal de quartz. Vous transformerez cette énergie pour en faire ce que vous désirez. Quand vous serez pleinement conscient de cette **vérité ultime**, vous serez maître de votre destin.

Soixante-douze pour cent de notre planète est faite de silicates, qui sont composés de silice, d'oxygène et d'un autre minéral. La formule chimique du quartz est Si O_2, et celle du silicate est SI O_4, plus un autre élément. Le quartz est donc en résonance avec la planète. Presque le tiers de l'écorce terrestre est composé de quartz pur. Il semble même que notre mère la Terre utilise le quartz pour transmettre l'énergie, de la même manière que nous nous en servons. Vous pouvez imaginer alors toute la puissance qui vous est donnée par la planète. Le cristal que vous possédez peut avoir des milliers d'années, imaginez toute l'énergie qu'il a accumulée seulement pour vous. Il vous apporte toute l'expérience qu'il a acquise dans cette terre, et sachez donc bien l'utiliser.

Ce qui est important à comprendre, comme nous l'avons déjà expliqué à quelques reprises, c'est que l'énergie cristalline est en équilibre parfait, autant sur le plan physique que sur le plan spirituel. Donc, toute énergie, qu'elle soit physique ou spirituelle, sera transformée dans le cristal et sera harmonisée. En d'autres termes, si vous envoyez une pensée à l'intérieur du cristal et que votre pensée demeure plus ou moins précise, le cristal l'harmonisera et la transformera pour qu'elle soit encore plus précise. Maintenant, révisons les propriétés physiques du cristal et étudions-les du point de vue céleste.

1) AMPLIFIE. Le cristal amplifiera les énergies qui nous entourent. Il amplifiera toute pensée qui entre en contact avec lui. Le cristal est un peu comme notre subconscient : il ne fait pas de différence entre ce qui est positif et ce qui est négatif. Il prend l'information, les désirs qu'on lui transmet, il les harmonise (il peut aussi harmoniser une pensée négative pour qu'elle soit plus claire et qu'elle se réalise plus vite) et vous attire les éléments nécessaires à leur réalisation. Donc, il est très important d'apprendre à filtrer ses pensées pour éliminer toute pensée négative que vous ne voulez pas voir se concrétiser. Chaque fois que vous utilisez le cristal, soyez toujours positif. Ceux qui portent continuellement un cristal de quartz sur eux doivent comprendre l'importance de cette propriété qu'a le cristal d'amplifier toute énergie envoyée dans sa structure, consciemment ou non.

2) EMMAGASINE. Le cristal de quartz a la capacité d'emmagasiner toute information que l'on insère en lui. Si vous programmez un cristal dans un but spécifique, il gardera cette information jusqu'au moment où vous l'effacerez. Il emmagasine toute information énergétique, que ce soit la lumière, le toucher, les pensées, les émotions et toutes ondes électromagnétiques. Si vous programmez un cristal pour la guérison, il concentrera toutes ses énergies vers cette intention.

Si vous prenez un cristal et lui envoyez une forme-pensée précise, par exemple l'image d'un arbre, un de vos amis prenant ce cristal pourra, s'il est bien préparé et concentré, visualiser cette forme-pensée. Il pourra « voir » cet arbre, un sapin ou un arbuste. Cela dépend de sa concentration et du degré d'intervention de son subconscient, qui est porté à « déformer » la réalité.

3) FOCALISE. Le cristal permet de concentrer en un point précis l'énergie qui y est envoyée. Si vous voulez accélérer la guérison d'un membre ou d'un organe malade, c'est cette propriété du cristal qui est utilisée. Il agit un peu comme une loupe qui concentre et focalise l'énergie solaire en un point précis et qui permet d'enflammer le papier.

Si l'un de vos proches est malade ou a une mauvaise nouvelle qui affecte son être, vous pouvez prendre sa photo et focaliser une énergie de calme, de santé ou d'amour et la lui transmettre. On vous enseignera, dans le chapitre sur la résonance du cristal, une technique pour focaliser une énergie et la transmettre à distance.

4) TRANSFORME. Le cristal transforme les énergies qui entrent en contact avec lui, les équilibre et les harmonise, pour qu'elles soient plus claires. Si vous placez un cristal dans un verre d'eau, celui-ci a le pouvoir de transformer les molécules de l'eau et de les énergiser. Vous vous apercevrez que l'eau a un goût différent comparativement à un autre verre d'eau sans cristal à l'intérieur.

Vous pouvez transformer des énergies négatives en énergies positives. Certains ont fait des recherches sur les résidus nucléaires et ont affirmé que certains cristaux et pierres, comme la malachite, ont le pouvoir de transformer les ondes radioactives et de les rendre inoffensives. S'il existe dans la nature des minéraux radioactifs, en revanche, la nature a aussi créé leur contrepartie.

5) TRANSMET. Le cristal nous permet d'envoyer des messages télépathiques et aussi d'en recevoir. Il nous permet d'entrer en communication avec tous les règnes : minéral, végétal, animal et humain. Dans un prochain ouvrage, nous prendrons en exemple le règne minéral et les recherches entreprises sur les plantes. Le cristal peut permettre aussi d'entrer en contact avec des êtres dans d'autres plans. Il devient une clé pour ouvrir la porte de la quatrième dimension. Il vous permet aussi d'entrer en contact avec des ondes du passé ou de l'avenir.

Vous voyez qu'on peut utiliser les énergies du cristal de plusieurs façons. Mais gardons à l'esprit que c'est toujours la même énergie, l'Énergie-Une, qui est en action, sous des formes différentes. Le cristal de quartz est un «passe-partout» qui peut vous ouvrir plusieurs portes d'autres plans de l'Univers. N'oubliez pas que vous travaillez avec une énergie qui a participé à la création de la Terre. Si les cristaux ont ressurgi hors de la planète aujourd'hui, il y a une raison très importante à cela. Le cristal n'a jamais été aussi populaire, que ce soit dans le domaine de la technologie ou pour son usage métaphysique. Il n'est plus réservé aux prêtres et aux sorciers, mais peut être utilisé par tous. Dans le monde actuel, même la science, si avancée soit-elle, ne peut pas enrayer la famine, les guerres et les injustices. Si toutes les personnes qui travaillent avec les cristaux se concentraient sur le sort de la planète, nous pourrions bouleverser ensemble les énergies de cette planète, et cela pour le mieux. **La Terre est un organisme vivant.** Nous la détruisons en polluant le sol, l'eau et l'air. La Terre nous offre ses cristaux et, par le fait même, nous fait prendre conscience de nos actions. Elle nous offre un instrument qui permet de travailler avec des énergies créatrices. La Terre, en nous livrant ses cristaux, nous livre un de ses grands secrets.

L'énergie de votre cristal

Un cristal à simple terminaison dirigera son énergie vers un point X. Un cristal à double terminaison fera circuler l'énergie. Il fera descendre de l'énergie et en fera remonter. Si vous envoyez de l'énergie avec un cristal à double terminaison, vous en recevrez automatiquement une partie. Il est bénéfique pour ceux qui veulent « voyager » dans l'astral ou analyser leurs rêves. Par contre, il n'est pas recommandé de travailler avec un cristal à double terminaison pour vous énergiser. Un cristal biterminé a une énergie très équilibrée et il est très difficile de le contraindre à la livrer. Il sera surtout utilisé comme un outil spécial nommé « baguette magique ».

Un agglomérat de cristaux (cristaux groupés) ou une géode de cristaux servira surtout à énergiser un lieu, et peut servir aussi à ioniser l'air. Plus il y a des ions négatifs dans l'air, plus votre esprit demeure éveillé et alerte. Au contraire, plus il y a des ions positifs dans l'endroit où vous vivez, plus vous serez amorphe et sans énergie. Pendant un orage, la foudre produit des décharges électriques (surtout formées d'ions négatifs) qui sont projetées sur la terre.

Après l'orage, la terre et l'atmosphère deviennent alors très chargés en ions négatifs. C'est la raison pour laquelle on se sent si bien lorsqu'on marche à l'extérieur après un orage. On a l'impression de respirer de l'air pur et on se sent vivifié. En marchant, votre corps attire ces ions négatifs et les accumule en lui. Vous pouvez amener avec vous un cristal que vous utilisez lors de vos méditations. Tenez-le dans votre main gauche pour permettre de faire entrer ces ions négatifs par le côté gauche de votre corps. Profitez de l'occasion, en rentrant chez vous, pour faire une méditation en vous concentrant sur l'énergie que vous avez accumulée en vous. Ressentez, respirez et méditez.

L'énergie du cristal forme un champ autour de lui. L'énergie entre par sa base, parcourt le cristal et jaillit par sa terminaison. L'énergie contenue dans un cristal est toujours unidirectionnelle, sauf pour un cristal à double terminaison, où elle circule dans les deux sens et reste très équilibrée.

Un cristal émet son énergie sur une distance cent fois plus grande que sa taille. Un cristal de 2,50 cm projettera son énergie à plus de 2,50 mètres. Cependant, si vous émettez cette énergie au niveau des plans mental ou astral, vous n'avez pas de limite « espace-temps » et vous pouvez projeter cette énergie dans le lieu que vous désirez.

Vous pouvez augmenter la puissance de votre cristal en le chargeant d'énergie. **Nous appelons ce procédé activer un cristal.** Nous verrons cette technique au chapitre suivant. En utilisant les quatre éléments dont est composé votre cristal, vous pourrez l'énergiser davantage.

D) L'ÉNERGIE-UNE

Vous avez appris que les objets physiques ne sont pas constitués seulement de matière, mais que leurs éléments fondamentaux sont d'une essence énergétique. Nous retrouvons cette même énergie qui forme la matière partout dans l'Univers. Si nous disséquions continuellement cette matière, nous arriverions à un niveau où il ne resterait plus que de l'énergie pure. Cette énergie est UNE.

L'entité de base de la numérologie ou des mathématiques est le chiffre UN. Il indique la force créatrice, la puissance et l'essence de toute force. Avant UN, il n'y a rien. Après UN, on ne trouve que sa combinaison : $1 + 1 = 2$ et ainsi de suite. Donc, toutes les énergies ne sont **qu'Une.** La terre est **Une.** Une roche est **Une.** Si vous la réduisez de moitié, ce qui vous restera est aussi UN. Si vous la réduisez indéfiniment, elle ne deviendra pas zéro. Étant donné qu'elle est **Une**, sa moitié existe toujours.

Cette énergie est appelée de multiples façons : « Ki » en japonais, « Chi » en chinois, « Prana » en indien, etc. Tous ces concepts ne définissent qu'une même énergie, que j'appelle ÉNERGIE-UNE. Cette Énergie-Une, la substance première de l'Univers, n'a pas de commencement ni de fin, et sa valeur absolue ne peut jamais augmenter ni diminuer. Cette Énergie-Une se trouve dans l'Univers, dans l'air, dans l'eau, dans l'être humain, dans la nourriture.

1) **L'Univers.** Si nous reculons à plus d'une quinzaine de milliards d'années, au début de l'Univers lui-même, les scientifiques ont établi que celui-ci n'était qu'une sorte de boule qui flottait dans le vide. Cette grosse boule était composée de protons, de neutrons et d'électrons. Elle était UNE et contenait toute l'Énergie-Une. Puis elle explosa, ce fut le BIG-BANG, et les milliards de milliards d'étoiles étaient nées.

2) **L'air.** L'air que nous respirons est rempli de cette Énergie-Une. Quand nous respirons, nous inspirons l'Énergie-Une de l'Univers avec notre corps. Donc, il est primordial de bien savoir respirer pour accumuler le plus possible d'Énergie-Une dans le corps.

3) **L'eau.** Celle-ci est composée d'oxygène et d'hydrogène. Lors de la naissance de l'Univers, celui-ci était composé en majeure partie d'hydrogène, qui est l'élément le plus simple et le plus léger. De cet hydrogène naquirent les autres éléments chimiques qui formèrent notre Terre. Cet hydrogène était une partie de l'Énergie-Une.

Quand vous buvez de l'eau, vous buvez l'oxygène qui la compose, source d'Énergie-Une. Les cellules vivantes tirent leurs ressources de cette eau et cela leur permet de travailler dans de bonnes conditions. Une cellule oxygénée ne contiendra pas de toxines ou de résidus, et elle sera pleine de vitalité.

4) **L'Être humain**. Comme toute chose dans l'Univers, l'homme est une manifestation de l'Énergie-Une, et est donc de l'énergie. L'acupuncture a compris cela depuis des millénaires. Elle a toujours affirmé qu'il existe dans le corps une énergie cyclique, que cette énergie a une polarité positive et une polarité négative, et que ces polarités (+ -) doivent être harmonisées pour s'unifier, de la même façon qu'un atome possède protons et électrons.

Il existe en chacun de nous une circulation d'énergie à fleur de peau que certains appellent « éthérique » ; elle ressemble un peu à une vapeur. Nous possédons aussi une énergie qu'on appelle « aura », qui a un aspect fluidique lumineux composé de différentes couleurs. Par clairvoyance, on peut voir cette aura. On peut aussi, avec certains appareils, photographier cette énergie, sauf que, contrairement à la croyance populaire, ce n'est pas l'aura du corps astral qu'on photographie, mais bien l'énergie électrique du corps éthérique. Il existe aussi, sur tout le corps, des méridiens où circulent librement ces énergies. Si un blocage se produit sur un ou plusieurs de ces points, l'énergie se bloque, ce qui entraîne des malaises et, par la suite, la maladie. Nous étudierons plus en détail ces corps énergétiques dans un prochain ouvrage.

La bio-énergie, fondée par Wilhelm Reich, se base sur le concept de l'Énergie-Une. Reich a créé une thérapie basée sur le contrôle de cette énergie en unifiant le corps et l'esprit. Plusieurs ouvrages du docteur Alexander Lowen concernant cette thérapie sont disponibles sur le marché. Lowen explique que le corps est un système énergétique qui puise son énergie dans l'environnement. Notre corps vital a besoin d'énergie pour fonctionner, et plus la respiration est active, plus l'apport énergétique de notre corps augmente.

5) **La nourriture**. La nourriture que nous absorbons a pour rôle d'entretenir la vie et de nous garder en santé. Cette nourriture a une fonction « calorifique », ce qui signifie « énergétique », et une fonction « plastique » qui est constructrice. Les aliments nous servent de combustible **énergétique** en nous fournissant de l'énergie et de la force pour agir. Grâce à une transmutation biochimique très complexe, notre corps assimile la nourriture et utilise

l'Énergie-Une contenue dans la viande, les végétaux et les autres aliments nutritifs. L'Énergie-Une que cette nourriture a absorbée pendant toute son existence est assimilée par notre corps pour être retransformée en Énergie-Une.

L'être humain se nourrit de cette Énergie-Une. Certains mystiques pouvaient vivre sans manger pendant plusieurs années. Un cas très connu est celui de Padre Pio, mort le 23 septembre 1968 à Rome. Doué pour la voyance, il était également capable d'apparaître à deux endroits différents en même temps (phénomène que l'on nomme bilocation). Il avait tous les charismes. Il mangea très peu dans les cinquante dernières années de sa vie. Son régime se limitait à un verre d'eau le matin, une once de bouillon de légumes ou un morceau de salade ou un minuscule morceau de poisson pour le repas du midi. Le soir : **rien.** Ce qui est encore plus impressionnant, c'est qu'il perdait, à cause des stigmates qu'il avait dans les mains, plus d'une tasse de sang par jour. On a calculé qu'il avait perdu une dizaine de fois l'équivalent de son poids. En Allemagne, Thérèse Newman (aussi une stigmatisée) ne **mangeait et ne buvait rien.** Elle ne consommait qu'une hostie consacrée par jour. Elle fut examinée par des médecins du monde entier. Personne ne put expliquer ce phénomène. En Inde, une femme nommée N. Mahananda ne se nourrissait que d'un grain de riz par jour et ce régime dura plusieurs années. Aucun médecin ne peut expliquer ce phénomène, car il n'y a pas de réponse sur le plan physique. Ces personnes se nourrissent de Lumière, source pure de l'Énergie-Une. Elles sont devenues la manifestation d'un pouvoir pleinement réalisé.

Toutes ces personnes possédaient le don de guérir et elles l'ont utilisé sur leur entourage. Ces guérisseurs étaient en parfaite harmonie avec cette Énergie-Une et pouvaient la redistribuer pour guérir. Nous avons vu que toute maladie provient d'un blocage énergétique, et ces guérisseurs rétablissaient ce manque d'énergie.

Cette Énergie-Une est l'énergie vitale dont nous avons tous besoin. **La vie est Énergie avant d'être substance.** Tant que l'Énergie-Une circule dans votre corps, vous êtes en vie ; si elle quitte votre corps, celui-ci se décomposera.

JE SUIS L'ÉNERGIE-UNE

Vous puisez l'Énergie-Une dans la nourriture et vous prenez l'Énergie-Une du cosmos dans l'air que vous respirez. Par la concentration et la méditation, vous pouvez accumuler cette énergie grâce aux techniques de respiration et la diriger à l'endroit que vous voulez.

Votre cristal utilise aussi cette Énergie-Une, car il a été créé par elle. Le règne minéral dont fait partie votre cristal est le plus ancien de l'Univers. Il ÉTAIT, avant même l'apparition de la vie végétale, animale ou humaine.

Si vous êtes malade, anxieux, stressé, nerveux, bref, « mal dans votre peau », c'est que tout simplement cette Énergie-Une circule mal dans votre corps. Si vous négligez de faire un ajustement énergétique, de plus grands problèmes peuvent se créer et encore d'autres blocages peuvent survenir. Alors, l'irrémédiable peut arriver et se concrétiser par une quelconque maladie.

Dans le prochain ouvrage de cette série, nous parlerons des différents corps et des centres énergétiques du corps humain et nous verrons comment nous pouvons réajuster ces énergies grâce à l'utilisation du cristal. Votre cristal constitue un outil très puissant pour rééquilibrer ces énergies. Même si vous n'avez aucun blocage (ce qui est assez rare en nos temps modernes), vous pourrez apprendre ces techniques pour activer certains centres et développer vos pouvoirs intérieurs.

Toutes les fois que vous lirez un texte spirituel ou biblique et que vous rencontrerez les mots « lumière », « illumination », « clair » ou « clarté », « flambeau », « flamme », « idée », « éclair » ou tout autre mot ayant rapport avec la lumière ou l'énergie, pensez à ce concept de l'Énergie-Une ; peut-être que quelque chose en vous **s'éclairera** !

L'ÉNERGIE-UNE EST DIEU EN ACTION

Je ne pourrais clore ce chapitre sans dire que, pour moi, Dieu est l'Énergie suprême, la **Force créatrice** de tout cet Univers, Il est la SUPRÊME-ÉNERGIE-UNE. Nous savons tous qu'Il n'est pas ce Dieu avec une barbe blanche, juché là-haut et nous regardant nous empêtrer dans nos problèmes ! Alors comment pouvons-nous le définir autrement qu'en cette SUPRÊME-ÉNERGIE-UNE ?

2. PURIFICATION ET ACTIVATION DU CRISTAL

Vous avez été informé que votre cristal nécessitait une démagnétisation et une purification. Ayant passé dans le sel de mer beaucoup plus que les sept jours prescrits, le cristal a été complètement purifié de toute énergie ou influence qui aurait pu entrer en contact avec lui.

Maintenant que vous êtes en possession de votre pierre, peut-être l'avez-vous programmée pour certains de vos besoins. Mais il se pourrait que vous ayez à le déprogrammer, pour plusieurs raisons : soit que votre objectif a été atteint, soit que vous voulez en programmer un autre ou que vous avez jugé que votre programmation n'était pas assez précise pour ce que vous vouliez atteindre.

Si quelqu'un manipule votre cristal, vous devriez le purifier, car les influences de la personne y seraient inscrites.

Nettoyer et purifier votre cristal témoigne aussi du respect que vous lui accordez en échange de ses dons. Cela démontre également votre façon d'apprécier l'aide qu'il vous apporte dans votre vie.

Les cristaux de quartz emmagasinent dans leur structure toutes vibrations qui sont en contact direct avec eux. Les émotions des personnes qui sont entrées en contact avec eux depuis leur découverte, les ondes électromagnétiques des personnes qui les ont manipulés, tout est emmagasiné à l'intérieur d'eux. Ces vibrations, si elles ne sont pas éliminées, affecteront tous ceux qui travailleront avec ces cristaux. Donc, au risque de nous répéter, il est important, quand vous entrez en contact avec un cristal ou une pierre, de le purifier.

Si vous faites un travail de guérison, purifiez-le avant et après vous en être servi. Si ce travail de guérison se fait sur vous-même, purifiez-le au minimum deux fois par semaine, et plus si vous en sentez le besoin.

Certains guérisseurs ont appris cette leçon à leur détriment. Après avoir soigné un patient d'un mal spécifique avec le cristal et ayant omis de le nettoyer après le traitement, ils ont communiqué ce même mal au patient suivant. Cela est facile à comprendre; vous avez peut-être entendu parler de certains guérisseurs ou même de saints (comme le célèbre Padre Pio) qui prenaient sur eux les maux et maladies des gens qui venaient les visiter pour être guéris. Ce phénomène s'appelle un « transfert d'énergie ».

Le cristal permet d'absorber les vibrations néfastes du corps éthérique du malade, au lieu que ce soit le guérisseur qui les absorbe. D'où l'importance de purifier un cristal après chaque traitement, afin d'éviter que le prochain patient absorbe ces vibrations. Il faut mentionner que ce ne sont pas toutes les personnes qui absorberont ces mauvaises vibrations, car certains individus repousseront ces forces.

Il est très important, quand vous venez d'acquérir un nouveau cristal, de le purifier avant de l'utiliser. *Ne jamais utiliser le cristal d'une autre personne*, à moins de connaître très intimement cette personne ou d'avoir décidé d'utiliser conjointement un cristal. Mais vous ne devez jamais, je le répète, utiliser un cristal que vous venez d'acquérir sans le purifier au préalable. Plusieurs personnes attirées par la beauté d'une pierre ne veulent pas s'en défaire, même pour quelques jours. Ce pourrait être une grande erreur, si vous ne connaissez pas les influences que ce cristal a accumulées. Même si la personne qui possédait ce cristal était bien intentionnée, vous ne connaissez pas l'antécédent de ce cristal. Un cristal a plusieurs milliers d'années, ne l'oublions pas. Le pire phénomène qui pourrait se produire est celui qu'on appelle « la vampirisation ». C'est une technique par laquelle l'énergie d'une personne est attirée pour en nourrir une autre. C'est un transfert d'énergie qui peut se faire consciemment ou inconsciemment.

Cette technique n'a rien de dangereux si elle est utilisée consciemment pour transférer de l'énergie à quelqu'un qui en a besoin. Elle peut être bénéfique pour une personne qui manque d'énergie et enlever un trop-plein d'énergie au donneur. Nous assistons alors à une échange d'énergie positive.

Vous pouvez, par une technique spéciale, activer un cristal d'une énergie limitée, c'est-à-dire que vous introduisez dans le cristal une certaine quantité de votre énergie que le destinataire pourra absorber, jusqu'à épuisement de cette énergie. Vous pouvez aussi activer votre cristal d'une énergie illimitée, ce qui veut dire que la personne qui sera en possession de ce cristal pourra recevoir votre énergie sur une base quasi continuelle.

Je déconseille fortement cette pratique, à moins d'un cas extrême où la personne aurait absolument besoin de cette énergie. Cela doit s'accomplir sur une courte période de temps, car la personne qui donne l'énergie pourrait à son tour être vidée. Tant que cette pierre ne sera pas purifiée, l'échange à sens unique continuera. La personne qui donne l'énergie doit connaître certaines techniques pour reconstituer son énergie continuellement. Le danger est que cela peut se faire aussi inconsciemment, sans que personne ne connaisse la technique pour le réaliser, quoique ce fait soit assez rare.

Peut-être vous est-il déjà arrivé, dans le métro ou dans tout autre véhicule public, d'être devant quelqu'un qui semblait aspirer votre énergie à un point tel que vous avez dû changer de place. Ou au contraire, d'être devant quelqu'un et de sentir que c'est vous qui aspiriez son énergie. Cela arrive parfois lorsque vous êtes en présence d'un prêtre, d'un guérisseur ou de quelqu'un qui a beaucoup d'enthousiasme et qui dégage beaucoup d'énergie. C'est le même processus qui se réalise devant une assemblée religieuse, où la personne qui dirige cette assemblée utilise l'énergie de la foule pour guérir d'autres personnes. Avez-vous remarqué aussi que les équipes sportives gagnent plus souvent chez elles ? C'est qu'elles reçoivent l'énergie de leurs partisans. Le même phénomène se produit dans le monde du spectacle, en politique ou dans toute situation où une personne se « branche » sur la foule et utilise la puissance de cet énorme puits d'énergie.

Si une personne vous donnait une pierre à l'intérieur de laquelle elle aurait mis, consciemment ou inconsciemment, une technique de vampirisation, vous seriez vidé tranquillement, mais sûrement, de votre énergie. Peut-être qu'inconsciemment cette personne voulait se défaire de cette pierre pour cette raison. Le meilleur moyen de débarrasser une pierre de cette influence est de la purifier dans le sel de mer pendant sept jours.

En purifiant votre cristal, vous éliminez toute vibration, émotion, expérience ou technique ayant pu être en contact avec ce cristal. Avant ou après certains travaux, vous aurez aussi à nettoyer vos cristaux. Intuitivement, vous pouvez aussi sentir que certains cristaux doivent être purifiés. Suivez alors votre intuition. Si vous voulez changer un programme, vous devez purifier votre pierre complètement avant d'y insérer un nouveau programme.

Voici quelques méthodes pour purifier un cristal; nous utiliserons le principe des quatre éléments pour exposer chaque technique.

I. AIR. La technique de respiration n'est généralement utilisée que pour compléter une autre technique de purification. Cette technique n'est efficace que si quelqu'un a touché votre cristal momentanément. Cette technique peut être aussi très efficace si vous êtes capable de concentrer votre énergie et de la diriger en un point précis. Ceux qui ont un grand contrôle sur leurs énergies peuvent utiliser cette technique au détriment des autres, mais je ne la recommande qu'aux personnes habituées à manipuler les énergies subtiles. **Je recommande fortement à tous mes élèves de compléter par l'exercice du souffle toute autre méthode utilisée pour purifier leur cristal.** Voici la technique.

1) Tenir le cristal dans la main gauche, le pouce à la base et l'index sur la pointe. Le pouce et l'index de la main droite sont placés chacun sur une face opposée du cristal.

2) Tenir le cristal devant le chakra du cœur (entre la poitrine) à environ 7 cm de vous. Placez-le pour avoir une face du cristal devant vous.

3) Inspirez profondément et visualisez la couleur verte qui vient du chakra cardiaque, et, en expirant, soufflez ce rayon vert qui purifie votre cristal de ce qui peut rester de négatif à l'intérieur.

4) Tournez le cristal dans le sens des aiguilles d'une montre avec la main droite, et placez votre pouce droit sur la prochaine face et l'index sur la face opposée. Répétez la technique du souffle une autre fois. Faites cet exercice pour chacune des faces, donc six fois.

Il est important de placer dans votre souffle la volonté de purifier votre cristal. C'est cette intention qui se transmettra dans votre souffle pour déloger les impuretés. Si vous soufflez tout simplement sur votre cristal, sans intention précise, aucun changement ne se produira dans votre pierre.

II. EAU. Prendre environ 1/4 de litre d'eau et 3 cuillerées à table de sel de mer fin, et bien brasser pour dissoudre le sel. Pour purifier complètement un cristal, il faut environ une dizaine de jours. Pour enlever une mauvaise énergie ou seulement nettoyer le cristal, laissez-le de 1 à 3 jours dans cette solution.

L'essence de thym peut purifier un cristal si vous le laissez reposer pendant environ une journée dans un petit bol où l'essence le recouvre complètement.

III. FEU. Vous pouvez utiliser la technique de fumigation pour purifier votre cristal. Voici cette technique.

Placez des feuilles de sauge ou de cèdre dans un petit bol de porcelaine. Brûlez ces feuilles et agitez un morceau de carton afin d'augmenter la production de fumée. Placez vos cristaux au-dessus de cette fumée. Si vous disposez d'un bol assez profond, placez des broches ou des petites fourchettes à fondue sur le bol et déposez vos cristaux dessus. Assurez-vous que la chaleur ne soit pas trop intense, pour ne pas faire craquer vos cristaux. Pour que cette méthode soit efficace, laissez reposer votre cristal de 20 à 30 minutes au-dessus de la fumée. Vous pourrez avoir besoin de rajouter des feuilles si la fumée diminue.

Une autre variante est d'utiliser de l'encens. Cette méthode est beaucoup plus simple que la fumigation décrite plus haut et s'avère aussi efficace. Utilisez du bois de santal, de la lavande ou du cèdre.

Toutefois, ces techniques ne sont pas conseillées pour un cristal nouvellement acquis, car les fumigations enlèvent seulement 75 % des énergies accumulées dans le cristal. Ces techniques sont recommandées surtout si vous devez vous purifier vous-même ou purifier le lieu où vous effectuez un travail spécifique avec vos cristaux.

IV. TERRE. Vous pouvez enterrer votre cristal à l'extérieur. Cette méthode enlève toutes les énergies accumulées dans le cristal, mais il doit rester de 2 à 4 semaines enfoui dans le sol pour être pleinement purifié. Cette technique ne peut être utilisée en hiver.

La meilleure technique pour purifier un cristal est celle qui utilise le sel de mer.

Le sel de mer

Le sel de mer, étant lui-même formé de petits cristaux, il attire à lui les vibrations du cristal et les absorbe, jusqu'à ce qu'il ne reste plus dans le cristal que sa propre vibration. On peut établir une comparaison avec une cloche que vous faites vibrer. Si, après avoir fait vibrer cette cloche, vous placez votre doigt sur elle, le son cessera immédiatement car vous l'aurez étouffé. Le sel de mer étouffe les vibrations emmagasinées dans le cristal, jusqu'à ce qu'il ne reste que la vibration pure de l'Énergie-Une.

Nous vous avons aussi indiqué, au début de ce livre, comment votre cristal a été purifié par le sel de mer contenu dans le petit sac. Si vous vous procurez un nouveau cristal, placez-le dans du sel de mer, sec, pendant sept jours. Après ce temps, votre cristal sera complètement purifié.

Cette méthode est la plus simple et la plus efficace. Vous trouverez du sel de mer dans les magasins d'aliments naturels ou en pharmacie. Ne vous servez pas de sel d'Epsom ou de sels de bain, mais bien de **sel de mer**, de préférence du sel fin. Le sel de mer devra être changé après deux ou trois utilisations.

Méthode « accélérée »

Voici une méthode efficace à utiliser quand vous sentez que votre cristal a besoin d'être purifié. C'est aussi une excellente méthode lorsque vous avez besoin d'un cristal pur pour un travail spécifique. Vous aurez besoin de bicarbonate de soude, de sel de mer et d'acide de vinaigre de pommes que vous pouvez obtenir dans un magasin d'aliments naturels. Voici la méthode.

1) Remplissez d'eau un bol ou un verre assez grand pour contenir votre cristal.

2) Ajoutez 3 à 4 cuillerées à table de sel de mer et brassez bien pour dissoudre le sel.

3) Ajoutez 30 à 60 ml (1 à 2 onces) d'acide de vinaigre de pommes et brassez.

4) Placez le cristal dans le bol ou le verre.

5) Ajoutez 2 à 3 cuillerées à table de bicarbonate de soude.

Laissez reposer le cristal dans cette solution pendant 15 minutes. Vous pouvez aussi le laisser reposer toute la nuit et le retirer le matin. L'acide du vinaigre de pommes combiné au bicarbonate de soude active les propriétés du sel de mer et nettoie en profondeur votre cristal. Il est conseillé de nettoyer votre cristal avec de l'eau savonneuse après avoir utilisé cette méthode. Ne pas oublier, comme avec toutes les méthodes de purification, d'activer votre cristal et de le reprogrammer s'il y a lieu.

Maintenant que votre cristal de quartz est purifié, il vous reste à l'activer.

Activer (énergiser) un cristal

Voici différentes méthodes pour activer votre cristal. Nous utiliserons les quatre éléments. Choisissez la méthode que vous préférez, et servez-vous de votre intuition et de l'inspiration du moment.

EAU. Placez votre cristal dans un ruisseau, une rivière, un lac ou dans la mer. (Dans ce dernier cas, n'oubliez pas de le reprogrammer, à cause du sel.) Vous pouvez le sortir quand il pleut, le laisser sous le jet d'eau d'un robinet, ce qui l'énergise légèrement. Placez-le sous une chute ; plus le courant sera fort, plus il recevra de l'énergie.

TERRE. Enterrez-le pendant une nuit ou pendant quelques jours. Il accumulera l'énergie de la terre. Enterrez-le dans le sable, ou placez-le dans le pot d'une plante. Mais ne l'enterrez pas à l'extérieur pendant l'hiver, parce que le changement trop brusque de température pourrait le faire craquer, et parce que, comme la nature dort en hiver, il ne se chargera pas autant que pendant les autres saisons de l'année.

AIR. Vous pouvez énergiser votre cristal par votre souffle. D'abord, visualisez une énergie entrant en vous quand vous inspirez. Retenez votre souffle et visualisez cette énergie qui se transforme en vous en une force très puissante. Puis soufflez sur votre cristal, en visualisant votre souffle qui l'énergise. Pendant ce processus, imaginez votre cristal entouré d'une lumière. Ensuite, tenez de la main droite, avec le pouce et l'index, votre cristal placé debout dans la paume gauche. Tenez-le, à la hauteur du 4e centre, le chakra du cœur (au centre de la poitrine).

FEU. Ne mettez pas votre cristal dans le feu. Par technique du feu, nous voulons dire lumière, encens ou fumigation. **La lumière solaire est sûrement le meilleur moyen de charger votre cristal.** L'énergie du soleil est de polarité masculine, de nature énergétique et régénératrice. Laissez vos cristaux au soleil pendant environ deux heures, ou, si vous le pouvez, pendant toute une journée, que ce soit à l'extérieur ou à proximité d'une fenêtre.

Un autre moyen de charger votre cristal par le feu est de le passer au-dessus de l'encens ou d'utiliser la technique de fumigation (voir le chapitre sur la purification de votre cristal) pendant 5 à 10 minutes, employez de la sauge. **Ne le laissez pas plus de 10 minutes,** car, si vous le laissez trop longtemps, il se purifiera et effacera une partie ou la totalité de son programme.

LUNE. L'énergie lunaire charge votre cristal **d'énergie féminine**, qui peut être nécessaire pour certains travaux où l'intuition et l'émotivité sont requises. Vous devez donc vérifier chaque mois la date de la pleine lune. Placez vos cristaux dans une fenêtre le jour de la pleine lune ; cela en vaut la peine car rien n'est plus puissant pour charger vos cristaux que l'énergie lunaire de polarité féminine.

Vous avez sûrement entendu parler de l'influence de la pleine lune sur les marées, les végétaux, les animaux et les humains. Les cristaux accumulent une énergie très puissante les jours de pleine lune. Si vous voulez faire un travail sur le plan astral, c'est le moment idéal pour activer vos cristaux. Gardez alors vos cristaux recouverts jusqu'à leur utilisation. Si vos cristaux sont déjà activés, vous pouvez choisir le jour précédant la pleine lune et la soirée même pour faire votre travail.

Le lendemain de la pleine lune, inscrivez sur papier vos rêves ; vous pourriez découvrir, de cette façon, des détails très intéressants concernant votre vie. Gardez à proximité de votre lit un cahier dans lequel vous inscrirez vos rêves et inscrivez-les dès le réveil. Si vous vous réveillez en pleine nuit, inscrivez les rêves qui vous viennent à l'esprit, pour ne pas les oublier. Dans un prochain ouvrage de cette série, nous verrons plus en détail une technique spéciale pour travailler consciemment sur (et dans) vos rêves.

3. PROGRAMMATION DU CRISTAL

Nous arrivons maintenant au point le plus important de l'étude du cristal. Nous vous recommandons de bien suivre cette leçon, car, sans programme, votre cristal ne ferait que garder son énergie dans un parfait équilibre, sans en donner et sans en recevoir. Si vous possédez un ordinateur, ne devez-vous pas y insérer des données précises pour obtenir des réponses claires ? Sans données, vous n'obtiendrez pas de réponses.

Les cristaux de quartz sont reconnus pour garder en mémoire toute forme de pensée que vous mettez en eux. Vous pouvez donc programmer votre cristal pour tout ce que vous désirez. **Cependant, prenez garde de pas insérer dans votre pierre plus d'un désir à la fois.** Si vous poursuivez plusieurs objectifs, faites une sélection par ordre d'importance. Vous apprendrez comment sélectionner vos désirs dans le chapitre intitulé : « La formule magique pour cristalliser vos désirs ».

Vous pouvez programmer plusieurs cristaux pour que chacun ait son but spécifique. Il est recommandé alors d'indiquer quel cristal a été programmé et pour quel but. Si vous programmez un cristal dans un but spécifique, disons le but A, et sans vous en apercevoir, vous travaillez sur le but B, vos intentions dans le cristal vont se confondre et vous n'obtiendrez rien, sinon le chaos.

Si vous êtes un adepte de la pensée positive, vous avez peut-être l'habitude de vous dire spontanément : « La santé, le bonheur, la richesse, l'harmonie, l'amour, la prospérité et tous les bons côtés de la vie viennent à moi maintenant et j'en rends grâce à Dieu. » Cela est bien beau et très positif, mais combien de personnes répètent cela toute leur vie et n'obtiennent pratiquement rien, ou si peu comparativement à tous les trésors qu'ils pourraient obtenir. Ils ne savent tout simplement pas comment demander et comment utiliser leur potentiel. Votre cristal est un outil extrêmement puissant pour entrer en contact avec des puissances supérieures qui **cristalliseront** dans votre vie **tout ce que vous voulez.**

Suivez à la lettre nos recommandations et vous obtiendrez ce que vous avez demandé, en autant que cela sera en accord avec la loi divine et les lois cosmiques et que vous ne léserez personne.

Je ne vous conseille pas de travailler à trop de buts à la fois. Si vous avez un cristal programmé pour la santé, vous pouvez vous en servir pour votre santé, la détente, guérir une personne ou un animal (si vous savez comment procéder). Tant que cela reste dans le domaine de la santé, vous n'aurez pas de problème. Mais si vous voulez vous en servir pour obtenir une promotion, vous « brouillerez » le programme initial que vous y aviez déposé. Vous serez alors obligé de refaire le processus de purification et de programmation.

Votre subconscient contrôle vos corps physique et mental en accumulant dans votre cerveau des formes-pensées qui sont des émotions enregistrées par votre subconscient. Ces programmes opéreront automatiquement si un agent extérieur ou intérieur est capable de provoquer une réaction. Par exemple, si, dans votre enfance, vous avez été mordu par un chien et que vous avez eu très peur, la simple vue d'un chien, même très gentil, vous rappellera cette mauvaise expérience et stimulera l'émotion qui lui est associée. Votre subconscient enverra des messages à votre système nerveux. Votre pression augmentera, vos glandes surrénales sécréteront de l'adrénaline, votre cœur battra plus fort et tout un processus chimique s'ensuivra, et vous paniquerez à la vue de ce gentil chien. Vous avez été programmé pour réagir ainsi, et si vous voulez changer votre comportement, vous devrez alors changer le programme de votre subconscient, de la même manière que vous changez de programme dans un cristal.

Votre subconscient travaille avec des symboles. Si je vous dis le mot « arbre », votre subconscient amène automatiquement cette image à votre conscient. Un aveugle de naissance travaille aussi par symboles, sauf que, au lieu de travailler par images, il travaille par sensations (toucher, odorat, goût et son). En utilisant des images (ou formes-pensées), vous avez accès au petit ordinateur situé dans votre tête.

Nous avons appris que le cristal de quartz est composé de silice et d'oxygène. Notre cerveau a aussi de la silice en petite quantité. Nos tissus vivants sont composés de cristaux liquides. Ce sont des semi-solides, et les molécules sont disposées selon des schémas réguliers. On suppose que la plus grande partie de la capacité d'emmagasinement de la mémoire qu'a notre cerveau est reliée justement à ces cristaux liquides qui sont de taille microscopique. Nos pensées, émotions et informations seraient stockées dans ces cristaux, un peu à la manière d'un ordinateur qui stocke aussi les informations grâce aux cristaux industriels.

Votre cristal stimule les centres énergétiques situés au centre de votre cerveau et au-dessus du crâne (les 6e et 7e chakras). Cela a pour effet de stimuler votre habilité à mieux visualiser. Une forme-pensée peut être beaucoup mieux focalisée dans votre esprit et, de cette manière, votre programme s'insérera beaucoup plus facilement dans votre cristal et dans votre subconscient. Par exemple, si vous programmez votre cristal avec le désir de vaincre votre timidité, vous affirmerez ce désir de confiance en soi en créant une image précise de vous, c'est-à-dire un être courageux, audacieux, parlant à votre entourage d'une façon énergique. **Donc, vous donnerez une forme à votre pensée.**

Avant de programmer votre cristal, inscrivez l'objectif que vous voulez atteindre sur un bout de papier. Cette partie de la programmation s'appelle l'affirmation.

A) L'AFFIRM'ACTION

Non ! ce n'est pas une erreur de frappe ni un jeu de mots. Souvent, un mot ou une idée peut transformer complètement une vie. J'espère que la compréhension de ce mot changera la vôtre ! L'affirm'action est l'association des mots *affirmation* et *action*.

Des milliers de personnes qui s'adonnent à la technique de la pensée positive ont mal compris l'utilité de cette technique. Combien ont répété inlassablement des phrases du style : « L'argent circule à jamais librement dans ma vie et il y a toujours un surplus divin », ou : « Chaque jour, je suis de plus en plus prospère. » Ces personnes répétaient cela tous les jours, semaine après semaine, pendant des mois, pour s'apercevoir que rien n'avait changé. Puis, elles abandonnaient cette pratique, persuadées que cette formule n'était pas réaliste, donc inefficace.

Q.- Pourquoi ça ne marchait pas ?
R.- Parce qu'elles ne faisaient que la moitié du travail ! Elles affirmaient sans mettre d'action dans leurs paroles.

Si vous possédez la plus belle voiture au monde (affirmation), mais que vous ne mettez pas d'huile ni d'essence (action), *vous n'avancerez pas d'un mètre.* **Vous devez utiliser l'affirm'action** pour réussir à programmer efficacement votre cristal et votre vie.

La technique de programmation du « tableau noir » que vous apprendrez plus loin est une technique majoritairement utilisée par ceux qui enseignent comment se servir des cristaux, mais je l'ai modifiée pour la rendre plus simple, donc plus compréhensible. Pour programmer votre cristal à l'aide de cette technique, vous devez avant tout créer une affirmation.

Qu'est-ce qu'une affirmation ?

L'affirmation est une phrase formulée avec des mots puissants qui, répétée plusieurs fois, impressionne votre subconscient et votre supraconscient et les forcent à amener à vous ce que vous affirmez. C'est une déclaration positive *sur ce que vous voulez réellement, ici et maintenant, dans votre vie.*

Comment formuler une affirmation ?

Voici trois conseils pour bien formuler une affirmation.

1) Formulez vos désirs au présent, ici et maintenant.

Vous avez sûrement entendu quelqu'un (si ce n'est pas vous-même) dire : « Je commence ma diète... lundi » ou bien « Je vais faire ceci... aussitôt que je trouverai le temps » ; mais, lundi, rien ne se passe et le « aussitôt que je trouverai le temps » n'arrive pas.

C'est **maintenant** qu'il faut agir, car hier n'existe plus et demain n'existe pas encore. Ce que vous pensez à l'instant présent, votre ÊTRE l'attire à vous. Votre cristal et votre JE SUIS MOI (vos trois états de conscience, voir « Résoner avec son cristal ») travaillent avec ce que vous leur donnez **à l'instant présent**. Ils ne peuvent pas changer le passé et ne peuvent pas modifier le futur, si vous ne leur donnez pas des affirmations pour cristalliser ce que vous voulez obtenir.

Toute affirmation doit être faite au présent. Vous devez dire : « Maintenant, je suis mince et en pleine santé », en visualisant avec votre cristal une image svelte de vous, où vous porterez des vêtements plus petits et serez heureux(se) d'avoir atteint votre poids idéal. Ne dites pas : « Je ne suis plus gros(se). » Car le mot « gros(se) » est *le contraire de ce que vous voulez*. En prononçant ce mot, vous vous voyez *gros(se)* et votre JE SUIS MOI accepte cette image et continue à maintenir votre poids. Si vous dites « mince », que voyez-vous ?

Si je dis : « Je suis en santé », que voyez-vous ?

Si je dis : « Je ne suis plus malade », que pensez-vous ?

Donc, vos affirmations doivent être formulées au présent et avec des mots puissants et positifs. Affirmez ce que vous voulez, **jamais ce que vous ne voulez pas.** Le moyen le plus simple est de regarder dans le dictionnaire les antonymes de ce que vous ne voulez pas. Par exemple, vous souffrez de timidité ? Regardez ce mot dans le dictionnaire et trouvez les antonymes.

TIMIDITÉ : Audacieux, énergique, courageux, entreprenant, assuré.

Vous comprenez ?

2) Vos affirmations doivent être courtes, simples, donc faciles à retenir.

Trouvez une phrase que vous retiendrez facilement. Évitez d'écrire un texte trop long, soyez bref pour vraiment impressionner votre JE SUIS MOI. Que vos phrases soient simples et puissantes. Voici quelques exemples :

SANTÉ : « Je suis rempli d'énergie et de santé et, chaque jour, mon corps rayonne une santé parfaite. »

PROSPÉRITÉ : « Je jouis maintenant de ma nouvelle richesse ; chaque jour, j'attire à moi les occasions de m'enrichir. »

COMMERCE FLORISSANT : « Je communique le bonheur à tous mes clients, ils sont heureux de mes services et me recommandent à tous leurs amis ; chaque jour, mon commerce prospère. »

3) Servez-vous de la puissance divine

Si vous voulez rendre vos affirmations plus efficaces, utilisez la puissance spirituelle. Servez-vous des mots tels que : Dieu, énergie divine, Bouddha, Allah, Intelligence infinie, Lumière divine, Énergie-Une, etc. Utilisez une source en laquelle vous avez confiance et qui correspond à vos convictions personnelles. Placez cette force au début ou à la fin de votre affirmation. En voici quelques exemples :
« L'argent circule amplement et activement dans ma vie et il y a toujours un surplus divin. »
« L'énergie divine rétablit l'entente et le bonheur dans notre vie de couple. »

« Tous mes employés donnent le maximum d'eux-mêmes au travail et je remercie la Lumière divine qui me guide dans mes actions et décisions. »

Vous apprendrez grâce à « La formule magique... » à créer une réelle AFFIRM'ACTION.

Inscrivez votre affirmation

Maintenant que vous avez inscrit l'affirmation sur un bout de papier, apprenez-la par cœur. Vous devez être capable de visualiser la manière dont vous avez inscrit votre phrase, mot à mot. Si vous avez écrit trois phrases et que ces trois phrases prennent quatre lignes sur votre papier, comptez combien de mots vous avez inscrits sur chaque ligne. Si vous avez huit mots sur la première ligne, sept mots sur la deuxième, neuf mots sur la troisième et, enfin, trois mots sur la dernière ligne, vous devez visualiser exactement le même nombre de mots sur votre tableau noir. **Inscrivez la phrase dans votre cristal de la même manière que vous l'avez inscrite sur le bout de papier. CECI EST TRÈS IMPORTANT.** Ensuite, insérez ce papier dans la pochette de votre cristal.

B) PROGRAMMATION : TECHNIQUE DU TABLEAU NOIR

Cette méthode simple et efficace, vous permet de programmer rapidement vos cristaux dans un but spécifique. Elle peut aussi être utilisée pour renforcer un programme établi avec une autre méthode. Vous pouvez également vous en servir pour formuler un programme temporaire. Si vous possédez, par exemple, un cristal de santé, vous pouvez inscrire sur votre tableau le mot « détente » et vous relaxer. Après, vous n'aurez qu'à retourner dans votre programme pour l'effacer en visualisant que vous effacez chaque mot à rebours.

Cette méthode sert aussi à reprogrammer vos cristaux, après que vous les avez purifiés. Suivez bien chaque étape de cette technique.

I. Choisissez un endroit calme où vous ne serez pas dérangé pour une période d'environ 20 à 30 minutes. Asseyez-vous ou couchez-vous sur le dos. Fermez les yeux. Prenez quelques bonnes respirations et détendez-vous complètement. Desserrez vos vêtements et enlevez tout bijou, si possible.

II. Relaxez pendant au moins cinq minutes en respirant calmement et en chassant toute pensée autre que le sujet que vous voulez programmer à l'intérieur de votre cristal.

III. Tenez votre cristal, la pointe tournée vers le haut, entre le pouce et l'index de votre main gauche et tenez-le au centre du front, vis-à-vis le 6e chakra. Gardez votre main droite au sol ou sur votre cuisse droite (si vous êtes assis), la paume tournée vers le haut.

IV. Maintenant, entrez à l'intérieur de votre cristal à l'aide de votre pensée. Ressentez le contact que produit votre pierre sur vos doigts. Ressentez-vous les vibrations ou votre pouls ? Concentrez-vous sur cette sensation et imaginez que vous entrez à l'intérieur de votre cristal, par la pointe de celui-ci. Imaginez-vous au centre de votre pierre, face à un mur de cristal. Sur ce mur, il y a un tableau noir et sur le bord du tableau, vous prenez un petit cristal, en tous points semblable au vôtre. Ce cristal a l'unique propriété d'écrire sur ce tableau noir. Vous vous remémorez l'affirmation que vous avez écrite et que vous avez déposée dans la pochette de votre cristal. Inscrivez, lettre par lettre, les mots exacts que vous avez inscrits sur votre papier **et cela de manière identique.** Votre programme est maintenant inscrit dans la structure du cristal.

Reculez de quelques pas et observez ce que vous avez écrit sur ce tableau noir. Pointez le cristal, face au tableau, et visualisez un rayon laser sortant de la pointe et éclairant chaque lettre que vous y avez inscrite. **Cette technique permet de renforcer votre programme.** Relisez à quelques reprises ce que vous avez écrit, ditez-vous que c'est bon et remerciez l'énergie du cristal.

V. Imaginez que vous sortez par la pointe de votre cristal pour réintégrer votre corps. Prenez quelques respirations. Votre cristal est maintenant programmé.

VI. Ouvrez les yeux et replacez votre cristal dans sa pochette avec le papier.

Affirmez toujours ce que vous avez inscrit en visualisant cette affirmation. Pour plus d'efficacité, faites ceci le matin, le midi et le soir avant de vous coucher. Tenez-le dans la main droite si votre affirmation est énoncée au présent. Si vous visualisez un événement qui doit se produire au futur, tenez-le dans la main gauche. Si vous voulez vous guérir d'une phobie et retourner dans le passé pour déprogrammer votre cerveau, tenez-le dans la main gauche. Tout ce qui a trait aux pouvoirs psychiques doit être exécuté avec la main gauche ou, certaines fois, avec les deux mains. Une demande adressée à une Force supérieure doit être faite en joignant les mains (comme pour une prière) en plaçant le cristal à l'intérieur de vos mains. Tout ce qui a trait au rationnel, à quelque chose d'analytique, doit être exécuté en tenant votre cristal dans la main droite. Tout ce qui a trait à l'irrationnel, à la visualisation, aux forces créatrices doit être fait en tenant votre cristal dans la main gauche.

III. LE CRISTAL : AMPLIFICATEUR DE LA PENSÉE

1. POUR ENTRER EN CONTACT
AVEC SON CRISTAL

A) SE CENTRER

Avant de travailler avec un cristal, il est important d'être bien centré. Comme nous l'avons déjà mentionné, nous avons plusieurs corps : physique, éthérique, astral, mental, émotionnel etc. Dans la technique que vous pratiquerez pour vous centrer avec votre cristal, vous vous servirez de deux de vos différents corps : le corps physique et le corps mental. Pour utiliser l'incroyable puissance contenue dans votre cristal, il est impossible d'utiliser seulement un de ces deux corps, car lorsque le physique et le mental sont reliés, vous avez la capacité de manifester l'énorme potentiel de votre esprit, là où vous le désirez.

Les possibilités de réalisation sont stupéfiantes quand le corps et l'esprit sont unifiés. Des personnes ont réalisé des exploits en utilisant une force incroyable, telle cette femme qui a soulevé une automobile pour sortir son enfant blessé qui gisait en-dessous. Une autre a sorti un meuble pendant un incendie, meuble que trois personnes auraient eu de la difficulté à soulever. Un soldat de la Seconde Guerre mondiale a jeté par-dessus bord un obus qui était tombé sur son bateau ; en temps normal, il aurait été incapable de le soulever du sol. Dans des situations désespérées où la vie et la mort sont en jeu, des gens peuvent accomplir des miracles, défiant l'imagination. Et cela fut possible parce qu'ils ont unifié leur corps et leur esprit, et ils ne se sont pas interrogés à savoir si cela valait la peine de défier les lois de la physique !

L'homme possède des facultés exceptionnelles, des pouvoirs extraordinaires, mais il ne sait pas s'en servir, pour deux raisons : il ne sait pas comment les utiliser, ou il en a entendu parler, mais il n'y croit pas réellement ; il perd alors toute possibilité de contrôler sa vie et se laisse plutôt contrôler par elle.

Si vous voulez transformer rapidement votre vie grâce à la puissance de votre cristal, vous devez apprendre à centrer votre esprit et votre corps. Bien centré, vous serez capable de focaliser l'Énergie-Une et d'atteindre vos buts. Quand vous n'êtes pas centré, vous demeurez comme la lumière qui fuse de partout. Mais si vous êtes centré, on peut vous comparer au rayon laser qui concentre sa lumière en un faisceau unique, d'où vient sa puissance. La technique que vous allez apprendre pour vous centrer est simple, et elle est d'origine japonaise. Elle est constituée de quatre principes :

1. Se concentrer dans le cristal
2. Relaxer
3. Sentir le centre de gravité
4. Laisser le cristal faire jaillir l'Énergie-Une

1. Se concentrer dans le cristal

Pour centrer votre corps et votre mental, vous devez concentrer votre mental en un point précis. Utilisez votre cristal pour vous concentrer. Votre cristal deviendra le point de jonction de votre corps (qui tient le cristal) et de votre esprit. Vous devez penser à placer votre mental à l'intérieur de votre cristal. Il se peut, si vous n'avez jamais fait de technique de relaxation ou de méditation, que vous ayez de la difficulté à placer votre mental en un endroit autre que dans votre tête. Alors, au début, vous pouvez fixer votre attention sur la sensation de vos mains qui tiennent le cristal. Votre cristal reposant dans vos mains, ressentez le contact physique de votre cristal avec celles-ci, concentrez votre attention sur vos mains. Ne faites pas de différence entre vos mains qui touchent le cristal ou la sensation du cristal qui touche vos mains. Soyez un avec votre cristal, soyez dans votre cristal.

2. Relaxer

Il n'est pas difficile de se détendre dans un endroit calme ; c'est la raison pour laquelle, dans la plupart de nos exercices, nous vous suggérons de choisir un endroit paisible où personne ne vous dérangera. Pour un débutant, il serait sage de choisir l'emplacement le plus propice pour relaxer. Avec un peu de pratique, vous serez capable de vous détendre n'importe où.

Plusieurs personnes sont tellement nerveuses qu'elles ne peuvent relaxer, même dans un endroit propice à la détente. Leur mental est si agité qu'il passe d'une idée à une autre sans arrêt. Ces personnes sont continuellement tendues. Elles ne savent pas relaxer et ne comprennent pas le processus de la détente. Elles sont assises et font des efforts pour ne pas penser. Imaginons ce qui se passe dans leur esprit : « Je dois me détendre, je ne dois pas réfléchir. Voyons, je pense encore. Je ne pense pas, je ne pense pas, j'ai hâte de relaxer, suis-je relaxé ? Je ne dois pas penser, je ne dois pas penser… » Et là, notre individu se lève, encore plus nerveux et assuré que la relaxation n'est pas pour lui.

Relaxer, c'est se laisser aller naturellement, sans rien forcer. C'est regarder vos pensées comme si vous étiez spectateur, sans essayer de les retenir. Quand vous essayez de détendre vos muscles et que vous ne savez pas comment utiliser votre mental, il arrive souvent que le stress se joue de vous. Nous entendons par « stress », des muscles contractés. Le stress se joue de vous en ce sens que si vous concentrez votre mental dans votre cou, il se relaxe, mais votre cuisse reste tendue. Vous détendez votre cuisse, votre mollet est tendu. Vous relaxez votre mollet, votre épaule est tendue et ainsi de suite. Placez votre mental dans votre cristal et détendez votre corps. Laissez-vous aller. Laissez votre cristal détendre votre corps. **Placez toute votre attention à détendre votre corps, placé à l'intérieur de votre cristal et laissez-le agir pour vous.**

3. Sentir le centre de gravité

Le centre de gravité constitue le phénomène par lequel un corps est attiré vers le sol. Si vous êtes détendu, vous sentirez le poids de votre corps attiré naturellement vers le bas. Si vous vous relaxez en conservant le poids de votre corps vers le bas, votre esprit restera calme et vous serez relié à la terre. Pour accomplir un travail efficace avec vos cristaux, il est important de se sentir relié avec notre bonne vieille planète Terre. Comme nous l'avons déjà mentionné, votre cristal vient du centre de la terre, et il est donc imprégné de celle-ci. En vous concentrant dans votre cristal, il vous sera facile à vous aussi d'être relié à la terre.

En sentant le poids de votre corps attiré par la terre, vous vous sentirez « branché » à des liens invisibles qui descendent dans la terre, comme les racines d'un arbre. Imaginez des racines qui partent de la plante de vos pieds et qui entrent dans la terre jusqu'à son centre.

4. Laisser le cristal faire jaillir l'Énergie-Une

Votre corps se sert de l'Énergie-Une pour vivre, les plantes et les animaux aussi. Votre cristal ne fait pas exception à la règle, sauf qu'il possède la capacité de faire jaillir cette Énergie-Une sur demande. Plus vous libérerez de l'énergie cristalline et plus il en intégrera de la nouvelle. Le même processus se produit avec votre corps, dès que vous utilisez votre Énergie-Une ; une nouvelle réserve se crée instantanément, s'il n'y a pas de blocage énergétique.

Donc, en concentrant votre mental dans le cristal, et en étant bien détendu, vous laissez jaillir l'Énergie-Une de votre corps dans le cristal qui, lui, l'harmonisera, la filtrera et élèvera la vibration de cette énergie. Vous la laisserez jaillir de votre cristal naturellement. Vous serez alors prêt à diriger cette énergie où vous le voulez.

Ces quatre principes ne constituent en réalité qu'une technique : se centrer. Nous vous l'avons expliquée en quatre étapes, mais, lorsque vous l'exécuterez, elle ne s'accomplira qu'en une seule étape. Imaginez une table. Elle a quatre pattes, elle est bien centrée et reliée au sol. Enlevez n'importe quelle patte, elle tombera. Avec ses quatre pattes, elle est solide, mais elle est UNE table, les pattes ne sont que le support de cette table. Chaque principe est le support de cette technique. Voyons ensemble comment exécuter cette technique.

Si vous êtes en position couchée, il est très important d'avoir la tête au nord et les pieds au sud. Si vous êtes en position assise, placez-vous le dos au nord, donc le visage vers le sud.

A. Choisissez un endroit où vous ne serez pas importuné. Asseyez-vous sur le sol, en tailleur, à genoux ou, tout simplement, assis sur un divan, une chaise ou un fauteuil, le dos bien droit. Vous pouvez aussi vous coucher, mais il est préférable de faire cet exercice assis, pour ne pas s'endormir.

B. Placez votre cristal dans la paume de votre main gauche, la pointe dirigée vers le sud. Le tranchant de votre main gauche repose sur votre nombril. Votre main droite est en dessous de votre main gauche et les deux pouces se touchent.

C. Concentrez votre mental dans le cristal comme nous l'avons enseigné précédemment.

D. Relaxez tout votre corps en respirant le plus calmement possible. Relâchez tous vos muscles en continuant de garder votre mental à l'intérieur de votre cristal.

E. Ressentez le centre de gravité dans le bas de votre corps, soyez conscient de la force de gravitation qui vous attire, tout en continuant de vous détendre et en gardant votre mental dans le cristal.

F. Vous êtes maintenant relaxé, relié à la terre par votre cristal, où votre mental EST. L'énergie circule librement de votre corps au cristal. Vous êtes maintenant CENTRÉ.

La dernière étape constitue donc le centrage même, et elle englobe toutes les étapes. Au début, vous pouvez faire cet exercice de dix à quinze minutes à la fois. Quand votre corps aura bien intégré cette technique, vous ne prendrez pas plus de quelques secondes pour vous centrer. Vous serez alors en condition d'aborder avec une incroyable facilité les exercices et le travail que vous voudrez accomplir.

Avant d'exécuter tout travail avec votre cristal, nous vous recommandons, tout d'abord, de vous centrer. Cela vous prendra peut-être quelque temps pour obtenir des résultats.

En vous centrant, vous serez réellement conscient de l'INSTANT PRÉSENT. Votre corps physique et mental unifiés seront prêts à exécuter vos instructions. Vous pourriez avoir l'impression d'appartenir à un autre univers, car, de votre intérieur, vous vous ouvrez à l'extérieur. Tout votre être sera envahi d'une puissance que vous pourrez focaliser concrètement dans votre vie.

Nous vous conseillons de pratiquer l'exercice de « centrage » une ou plusieurs fois par jour, jusqu'à ce que vous maîtrisiez cette technique. Cet exercice développera votre concentration et vous aidera à mieux vous détendre. Quand vous serez apte à vous centrer en moins d'une minute, c'est que vous aurez maîtrisé votre mental. Si cela vous prend cinq minutes, mais que vous êtes parfaitement détendu, vous êtes quand même prêt à commencer le travail que vous vous étiez fixé.

B) LA RESPIRATION

Apprendre à bien respirer peut vous sembler étonnant et même insolite. Peut-être direz-vous : « Bien voyons donc, je respire depuis que je suis au monde, et je m'en porte bien ! ». Oui, peut-être. Mais il y a une grande différence entre aspirer l'air comme nous le faisons quotidiennement et vraiment **respirer** cet air qui est rempli d'Énergie-Une.

Il est possible de vivre assez longtemps sans manger, quelques jours sans boire, mais l'être humain est incapable de rester plus de quelques minutes sans respirer. Donc, la respiration demeure la fonction ultime de notre vie. Le plus grand pouvoir est **le pouvoir de la respiration.**

C'est la raison pour laquelle les enseignements spirituels, que ce soit le zen, le yoga ou autres, ont mis une emphase primordiale sur la maîtrise du souffle, comme base essentielle à leurs enseignements.

Pour tout travail, qu'il soit intellectuel ou spirituel, le cerveau doit être bien oxygéné pour accomplir une tâche adéquate. Si votre cerveau manque d'oxygène pendant 2 à 3 minutes, c'est la mort inévitable de ses cellules. Le pouvoir de la respiration permet de mieux oxygéner notre cerveau et, par le fait même, d'améliorer notre rendement cérébral.

Pour puiser l'Énergie-Une de l'Univers, vous n'avez qu'à bien respirer, et c'est la première étape pour emmagasiner l'Énergie-Une et apprendre à la distribuer dans la direction que vous aurez choisie avec votre cristal de quartz.

Le pouvoir de la respiration sur le physique

Des rapports médicaux mentionnent que 80 % et plus des maladies sont psychosomatiques, c'est-à-dire qu'elles sont d'origine nerveuse. Si nous observons une personne en excellente santé, nous remarquerons que sa respiration est longue et puissante. Par contre, une personne qui est malade aura une respiration courte et faible. Un individu équilibré respirera calmement, de façon égale, tandis qu'un individu nerveux aura une respiration plus ou moins régulière et haletante.

Qu'est-ce que la respiration ?

Il y a deux sortes de respiration : **la respiration externe ou pulmonaire** et **la respiration interne,** aussi appelée **cellulaire ou tissulaire.** Voyons-les en détails.

1. La respiration externe : C'est le processus par lequel vous absorbez l'oxygène que vous puisez de l'air ambiant par vos poumons, pour ensuite exhaler du bioxyde de carbone. Chacun a compris ce processus, mais on peut s'imaginer que la respiration s'arrête là. Voyons ce qui se passe à l'intérieur.

2. La respiration interne : Après avoir inhalé l'air dans vos poumons, les vaisseaux capillaires qui recouvrent les alvéoles des poumons amènent l'oxygène dans les artères, pour ensuite le faire circuler dans les vaisseaux capillaires qui alimentent toutes les cellules du corps en oxygène. Quand vous expirez, le bioxyde de carbone qui est produit par les cellules de votre corps est absorbé par les vaisseaux capillaires qui les transmettent aux veines, puis dans les vaisseaux capillaires des poumons, pour ensuite s'exhaler à l'extérieur. Vous comprenez maintenant que c'est ce processus qui est le plus important. Plus vous inspirez profondément, plus vous emplissez votre corps d'oxygène qui contient de l'Énergie-Une. Plus votre expiration sera longue et plus vous expulserez de déchets organiques hors de votre corps.

À l'intérieur de votre corps, la nourriture absorbée par vos organes digestifs est ensuite broyée et brûlée pour vous donner l'énergie dont votre corps a besoin pour vivre. L'oxygène est nécessaire pour accomplir ce processus. Si votre corps a un bon apport en oxygène, la transformation des aliments en énergie se fera très bien. Ce processus de transformation crée des déchets comme le bioxyde de carbone. Ces déchets doivent être expulsés aussitôt, sous peine d'empoisonnement.

La majorité des gens qui sont nerveux, anxieux, colériques ou qui se tracassent souvent produisent dans leur corps un état de stress. Les vaisseaux capillaires se contractent et, cette contraction empêche le sang de bien circuler. La respiration interne, étant dépendante de la circulation du sang pour puiser l'oxygène et expulser le gaz carbonique, ne peut pas remplir adéquatement son rôle dans un état de stress. Dans cet état, la première conséquence est un affaiblissement de votre vitalité, vous laissant vulnérable aux maladies et à tout désordre psychologique.

En inspirant et en expirant profondément, tous les vaisseaux capillaires s'ouvriront et l'oxygène sera distribué dans tout le corps. Les aliments seront complètement métabolisés et votre pouvoir vital, accru. Les maladies des reins, du cœur, du foie, la tension artérielle (haute ou basse) et toutes les maladies à caractère psychosomatique peuvent être guéries par l'expression de votre pouvoir vital. Avec votre cristal de quartz, vous pourrez diriger cette Énergie-Une dans la partie de votre corps atteinte par la maladie, pour la guérir.

Si, chaque jour, vous consacrez au moins de quinze à vingt minutes de votre temps à des techniques de respiration, vous augmenterez votre pouvoir énergétique interne. Il suffit de faire ces exercices trois à quatre fois par jour à raison de 4 à 5 minutes à la fois. Dans plusieurs de ces exercices, il vous sera demandé de respirer calmement et profondément pour accumuler le maximum d'Énergie-Une que vous dirigerez à l'intérieur de votre cristal de quartz, pour réaliser l'objectif que vous visez.

Il existe plusieurs techniques de respiration. Si vous êtes malade, assurez-vous, auprès de votre médecin, que vous pouvez exécuter ces exercices respiratoires. Suivez bien tous nos conseils pour éviter certains désagréments dûs à une mauvaise utilisation de la respiration.

I) LA RESPIRATION ABDOMINALE

La vraie respiration vient du ventre. Les nouveaux-nés respirent de cette façon. Ce n'est que quand nous sommes tendus ou angoissés que la respiration s'inverse. Nous respirons alors avec le thorax et les épaules.

Vous devez inspirer en sortant le ventre et expirer en rentrant le ventre, tout simplement. Essayez d'adopter cette manière de respirer et de temps à autre au cours de la journée, complétez vos exercices respiratoires par des respirations profondes, dont on parlera un peu plus loin dans ce chapitre. Dans tout travail avec le cristal, vous devrez adopter cette manière de respirer.

II) LA RESPIRATION DE NETTOYAGE

Cette technique vous permettra de nettoyer votre corps de tout résidu carbonique, et d'éliminer les toxines accumulées dans votre système et, enfin, d'utiliser les alvéoles de vos poumons qui ne sont pas sollicitées à cause d'une respiration trop superficielle. C'est aussi une technique de **purification**. Elle s'exécute en deux temps.

A) Expiration nettoyante : Dans la vie quotidienne, les poumons doivent travailler avec des déchets accumulés au fil du temps. Donc, de temps à autre, il est important d'expulser ces déchets. Votre corps doit inconsciemment vous le rappeler en vous faisant bâiller ou en vous incitant à de gros soupirs. N'attendez pas que votre subconscient vous fasse soupirer, mais effectuez ces exercices de nettoyage à quelques reprises durant la journée. Cela aura pour conséquence de vous énergiser totalement.

Cette technique a pour effet d'évacuer tout l'air de vos poumons. En ouvrant votre cage thoracique, vous faites remonter l'air vicié à la base de vos poumons que vous rejetterez et cela jusqu'au moment où il ne restera plus d'air dans vos poumons. C'est comme si vous faisiez un exercice de «pompage». Mais, après avoir complètement expiré, prenez garde d'inspirer trop rapidement car une inspiration trop brutale pourrait provoquer un déplissement violent des alvéoles qui risqueraient alors de se léser. Si vous ressentez des douleurs aiguës dans la cage thoracique, attendez trois ou quatre jours avant de poursuivre cet exercice. Voici comment procéder :

a) Debout, les jambes écartées à la largeur des épaules, pliez légèrement vos genoux. Votre poids corporel doit reposer sur la plante de vos pieds et non sur la pointe des pieds ou sur les talons.

b) Maintenant, placez vos mains sur vos genoux et gardez votre tête droite, en regardant vers l'avant.

c) Expirez complètement, en rentrant le ventre. Ne respirez pas.

d) Maintenant, sans respirer, gonflez votre poitrine en redressant votre dos, **n'enlevez pas vos mains de sur vos genoux** ; expirez. Vous vous apercevrez que vous pouvez encore expirer. Recommencez ce processus, jusqu'à ce qu'il ne reste plus d'air dans vos poumons.

N.B. : Quand vous reprendrez votre souffle, inspirez doucement. Respirez normalement. Au début de cet exercice, il est recommandé de vous détendre entre chaque expiration. En pratiquant régulièrement cet exercice, vous arriverez aisément à faire une expiration complète, suivie d'une inspiration normale, etc.

Faites cet exercice neuf fois.

Vous êtes maintenant prêt à poursuivre la deuxième étape de cette respiration de nettoyage, appelée l'inspiration énergique.

B) Inspiration énergique : Cet exercice se fait à l'inverse du précédent. En inspirant profondément, vous emplirez d'air les zones qui ne reçoivent pas assez d'oxygène, ainsi que la partie supérieure de la cage thoracique où l'air se renouvelle incorrectement. En ouvrant la cage thoracique, après avoir expiré, vous serez capable d'inspirer à nouveau et de remplir ces zones qui en ont besoin. Voici cet exercice :

a) Debout, les jambes écartées à la largeur des épaules, pliez légèrement les genoux. Gardez le dos bien droit, ainsi que le cou et la tête.

b) Inspirez en levant vos bras vers l'avant, et retenez votre respiration pendant que vous redescendez vos bras. Remontez vos bras et inspirez une autre fois, en gonflant votre poitrine. Vous remarquerez que vous êtes capable de respirer à nouveau et de remplir d'oxygène des endroits que, normalement, votre respiration n'atteignait pas. Redescendez vos bras et inspirez autant de fois que votre poitrine peut absorber de l'air.

c) Expirez et détendez-vous, le temps de quelques respirations normales.

d) Recommencez cet exercice neuf fois. Comme pour l'exercice précédent, vous devriez, avec un peu de pratique, arriver à expirer complètement en une seule fois, avant d'inspirer à nouveau plusieurs fois.

Après le premier exercice, détendez-vous quelques minutes avant d'entreprendre le deuxième exercice. Ne forcez pas trop les exercices et ne les pratiquez pas plus de neuf fois chacun. Ne les pratiquez pas plus de quinze minutes à la fois, afin d'éviter l'hyperventilation qui est la conséquence d'un trop grand apport d'oxygène dans votre corps, occasionnant des étourdissements et d'autres effets secondaires. Si c'est le cas, cessez tout exercice et laissez votre corps revenir à son état normal. Si vous procédez graduellement dans l'exercice des techniques respiratoires, aucun désagrément ne devrait survenir. Au contraire, vous ne ressentirez, à la longue, que des effets positifs.

L'exercice de nettoyage pourrait être fait après un effort violent, un travail pénible ou, au contraire, avant un travail manuel ou cérébral requérant toute l'énergie disponible. Soyez à l'écoute de votre corps et suivez votre intuition pour savoir quand votre corps a besoin d'un nettoyage.

III) LA RESPIRATION PROFONDE COMPLÈTE

Voici une technique qui unifiera votre corps physique et votre corps mental. Vous puiserez l'Énergie-Une de l'Univers, vous la ferez pénétrer dans votre corps et dans votre cristal et vous retournerez cette énergie dans l'Univers en expirant et en la faisant jaillir du cristal. Voici cet exercice.

a) Installez-vous sur une chaise ou à genoux sur le sol. Le corps bien droit, la main gauche repose sur les cuisses, juste au-dessous du nombril. De la main droite, tenez votre cristal avec le pouce et l'index, la base du cristal repose dans la paume de la main gauche.

b) Après avoir inspiré, commencez à expirer *tranquillement,* en faisant un bruit avec votre bouche. De cette manière, vous savez si votre souffle est bien régulier et lent. Normalement, cette expiration devrait durer 30 secondes, mais, au début, vous pouvez expirer pendant 15 ou 20 secondes. Quand vous pensez avoir expiré tout votre air, penchez légèrement votre corps vers l'avant et expirez une autre fois. Videz complètement vos poumons. Attendez 5 secondes avant d'inspirer.

c) Inspirez tranquillement par le nez. Cette inspiration doit durer 25 secondes. Au début, elle doit être égale à votre expiration ou 5 secondes de moins. Remplissez votre ventre d'oxygène, ensuite, votre diaphragme (situé entre l'abdomen et la poitrine) et votre poitrine jusqu'à la partie supérieure qui fera remonter vos épaules. Quand vous croyez avoir rempli vos poumons au maximum, inspirez une autre fois.

d) Maintenant, retenez votre souffle 10 secondes ou un peu moins au début. Ouvrez la bouche et commencez une autre expiration.

Le but à atteindre est d'effectuer une respiration complète par minute ou plus. Nous respirons normalement entre 8 à 20 fois par minute. Vous pouvez imaginer toute l'énergie que vous accumulerez pendant cette minute. Vous pouvez faire cet exercice de 12 à 15 minutes et le répéter quelques fois durant la journée, à raison de 3 à 5 minutes à la fois.

Que faites-vous avec le cristal pendant cet exercice ? Quand vous inspirez, imaginez que l'énergie entre dans votre cristal et quand vous expirez, visualisez l'Énergie-Une sortir de votre cristal. Tout au long de cet exercice, concentrez toute votre attention dans le cristal ; vous constaterez que votre respiration se fera avec plus de facilité. Dès que vous vous déconcentrerez de votre cristal, l'exercice sera plus difficile à faire. En restant concentré dans votre cristal, votre corps sera plus harmonieux et votre respiration se fera aisément.

Avec de la pratique, votre respiration deviendra longue, facile et calme. Vous aurez l'impression d'être dans un monde où il n'existe qu'une respiration. Cette méthode est excellente pour entrer dans un état méditatif où vous ne saurez plus si c'est vous qui respirez ou si c'est votre corps qui respire pour vous. Vous accumulerez de cette façon une très grande quantité d'Énergie-Une que vous pourrez utiliser à votre guise.

C) SE PURIFIER

Comme nous l'avons précédemment mentionné, il est important de se centrer, car si vous vous sentez irrité, triste, en colère ou déprimé, votre cristal amplifiera ces émotions. Si, d'un autre côté, vous vous sentez excité, exalté et énervé, le cristal amplifiera aussi ces émotions. Pour bien accomplir une tâche, vous devez rester neutre et bien centré. Pour mener à bien certains travaux importants, vous pouvez ressentir que même si vous demeurez bien centré, ce n'est souvent pas suffisant. Vous avez donc besoin de vous purifier et vous pouvez utiliser les mêmes moyens pour vous purifier que ceux utilisés pour vos cristaux.

Vos corps énergétiques accumulent les ondes négatives véhiculées par tout le monde, par les appareils électriques et les ondes de forme. Vous pouvez entrer dans une maison et ressentir une mauvaise impression. La raison est simple : si les murs de cette maison sont fabriqués de briques, de granit ou d'autres matériaux contenant du quartz, ces murs peuvent avoir enregistré des vibrations de discorde, un suicide ou même un meurtre. Vous pouvez ressentir, consciemment ou inconsciemment, ces ondes négatives installées dans la maison.

Il est souhaitable de temps à autre de se purifier pour éliminer ces « toxines psychiques ». Pour ce faire, choisissez une technique qui utilise un des quatre éléments de la nature.

L'air

a) C'est une excellente méthode pour se purifier en utilisant les techniques de la respiration. Souvent les problèmes d'intoxication et de stress sont causés par une mauvaise oxygénation. Reportez-vous aux techniques de la respiration décrites précédemment.

b) Par une journée de grand vent, placez-vous face au nord. Laissez-vous purifier par ce vent bienfaisant. Prenez soin d'être habillé chaudement pour ne pas prendre froid. Cette recommandation n'est pas faite pour la raison que vous croyez (si vous pensez avoir un rhume, vous l'aurez, le contraire est aussi vrai), mais pour vous faire remarquer que si vous êtes gêné par le froid, vous fausserez votre exercice de purification.

L'eau

a) Prendre un bain additionné de sel de mer, est, à mon avis, le meilleur moyen de se purifier. Premièrement, vous avez sûrement tous à la maison du sel de mer pour vos cristaux (ne prenez surtout pas le sel déjà utilisé pour vos cristaux). Deuxièmement, un bain chaud additionné de sel de mer purifie vos corps physique et éthérique. Tous ceux qui ont pris un bain chaud avec du sel de mer reconnaissent l'effet relaxant de celui-ci. Troisièmement, comme avec les cristaux de quartz, les petits cristaux de sel attirent à eux toutes les mauvaises vibrations que vos corps énergétiques ont amassées. Et, finalement, quoi de plus simple que de mettre du sel de mer dans l'eau, de faire couler votre bain et, tout simplement, de relaxer pendant 20 à 30 minutes.

Cette méthode est tellement efficace que plusieurs aimeraient l'utiliser tous les jours. Je le déconseille fortement ; deux fois par semaine est suffisant. Un des avantages que procure cette méthode est que votre corps se nourrit des sels minéraux en les absorbant par les pores de votre peau.

Attention :

- Utilisez seulement du *vrai sel de mer* et non des sels de bain ou du sel d'Epsom.
- Rappelez-vous que vous prenez un bain pour vous purifier et non un bain pour vous laver. Prenez une douche avant, si vous voulez vous laver et préparez votre bain de purification après.
- N'ajoutez aucun autre produit que le sel de mer ; ce n'est pas le moment de mettre du « Mr. Mousse » ou d'autres produits pour le bain.

Faites couler l'eau chaude dans votre baignoire le plus chaud **qu'il vous est possible de le supporter.** Il est recommandé de prendre une douche tiède ou froide après, pour refermer les pores de la peau et éliminer le surplus de sel. **N'utilisez pas de savon.** Il est fortement recommandé de vous détendre une vingtaine de minutes, immédiatement après votre bain. Prenez votre cristal que vous utilisez pour méditer ou reposez-vous dans un endroit paisible pour savourer votre nouvel état de bien-être.

b) Une autre méthode intéressante, si vous avez l'opportunité de le faire, est de prendre des bains de mer. Vous pouvez apporter votre cristal avec vous. Ressentez l'océan et les vagues, devenez UN avec la nature. Laissez-vous bercer par les vagues. Ensuite, étendez-vous au soleil et laissez-vous énergiser par ses rayons bienfaisants.

Le feu

Attention, n'ayez pas peur, ce n'est pas le « rite du feu » où vous devez, pieds nus, traverser sur des charbons ardents. Même si certains pays utilisent cette technique de purification, vous n'êtes pas forcément intéressés par l'expérience.

a) Vous pouvez vous servir de l'encens pour vous purifier. L'encens constitue un puissant purificateur. Dans toutes les religions du monde, l'encens a été utilisé et il l'est encore aujourd'hui. Quand on entre dans une église, la première chose qu'on remarque est justement l'odeur qui caractérise ce lieu saint. L'encens purifie vos corps : physique, éthérique, émotionnel et mental. Il élève les vibrations de votre esprit. Utilisez un encens purificateur, de l'encens de cristal ou utilisez du bois de Santal ou de la lavande. Utilisez la même technique que dans la fumigation décrite ci-dessous.

b) La fumigation reste aussi un bon moyen pour se purifier et purifier le lieu où vous exécutez cette méthode. Utilisez de la sauge ou du cèdre. Prenez un bol en céramique, en porcelaine ou un coquillage. (Il est plus facile d'utiliser le bois que les feuilles ; l'important est qu'ils soient secs.) Enflammez et soufflez légèrement pour produire le plus de fumée possible. Fermez les yeux, laissez monter la fumée vers votre tête, puis vers votre cœur, devant votre corps et vos bras, puis vers votre dos. Vous pouvez diriger la fumée vers votre plexus solaire et la laisser remonter d'elle-même. L'essentiel, dans cet exercice, c'est de visualiser votre corps qui se purifie à l'aide de cette fumée.

La Terre

a) Vous pouvez vous balader en forêt ou à la campagne. Le fait de se retrouver dans un bois, nous remet en contact avec la nature. Avec la vie que nous menons, nous oublions souvent notre relation avec cette terre qui est la nôtre. Marchez, respirez profondément, vous sentirez l'énergie tellurique qui entre par vos pieds et qui remonte dans votre corps. Laissez-vous purifier par cette énergie terrestre. Visualisez cette énergie qui entre par le côté gauche de votre corps jusqu'à votre tête et qui redescend du côté droit pour retourner à la terre. Cette énergie, en vous traversant, purifie vos corps physique et énergétiques.

Nous savons instinctivement que certains lieux nous sont plus favorables que d'autres. La plage, par exemple, est un lieu chargé d'énergie. Le sable emmagasine de grandes quantités d'Énergie-Une qui provient du soleil et de l'atmosphère. Lorsqu'on se sent stressé, quoi de meilleur que d'aller s'étendre sur une plage ensoleillée. Vous avez sûrement entendu parler des bienfaits obtenus lorsqu'on se fait recouvrir de sable ou de boue jusqu'au cou ; cette technique est utilisée fréquemment dans les stations balnéaires, situées près de la mer et du sable. Qu'est-ce que le sable ? Le dictionnaire donne cette définition : SABLE : « Ensemble de petits grains *de quartz* séparés, recouvrant le sol... »

b) Allongez-vous sur le sol et ressentez l'énergie terrestre qui se dégage du sol.

c) En position à genoux, placez vos mains ou votre front sur le sol et ressentez l'énergie terrestre monter en vous.

Vous pouvez faire les deux derniers exercices à la maison. Dites-vous que même si vous restez au trentième étage, vous êtes quand même relié aux énergies de la terre. Même si un arbre mesure trente mètres, les dernières branches au sommet bénéficient autant des énergies de la terre que la première branche à la base de cet arbre.

Vous pouvez aussi combiner plusieurs de ces exercices, comme, par exemple, marcher en forêt et faire des exercices de respiration. Vous pouvez aussi faire des rituels en combinant les quatre éléments. En voici deux exemples.

I) RITUEL « VACANCE »

Vous êtes à la plage, vous allez vous baigner dans la mer (élément Eau) ; en sortant de l'eau vous vous couchez sur le sable et vous ressentez l'énergie du sable entrer en vous (élément Terre) ; vous respirez profondément et vous vous laissez caresser par la douce brise qui purifie votre corps (élément Air) ; vous bénéficiez des rayons du soleil qui font « fondre » toutes les toxines accumulées dans votre corps (élément Feu).

Il est important de vous concentrer pendant toute la durée de ce rituel. Quand vous vous baignez, vous visualisez l'élément Eau qui vous purifie. Ce n'est pas le temps de vous amuser dans l'eau. Vous devez, tout au long de ce rituel, être conscient de l'importance de vous concentrer sur chaque détail que vous effectuez. Vous serez surpris des bienfaits que vous obtiendrez après ce rituel ; vous aurez l'impression de flotter, tellement votre corps sera purifié.

II) RITUEL « BAIN DE MER »

Pour effectuer ce rituel, reportez-vous à l'explication donnée à l'élément Eau pour le bain de sel de mer. Faites brûler de l'encens (élément Feu); étendu dans le bain, ressentez l'énergie de la terre monter en vous (élément Terre); respirez profondément (élément Air) en visualisant toutes les toxines accumulées dans vos corps énergétiques qui s'éliminent.

Il est essentiel, quand vous faites un rituel de purification, de visualiser votre corps qui se purifie. Il faut que votre **intention d'être purifié** soit *claire et nette.*

Choisissez l'exercice avec lequel vous vous sentez le plus à votre aise. Si vous choisissez la fumigation et qu'il y a des gens chez vous, il y a des chances (si vous faites cela dans une autre pièce) qu'ils appellent les pompiers! Il serait préférable dans ce cas, d'utiliser une technique plus discrète comme celle d'un bain de sel de mer.

Si, en essayant une méthode, vous ne vous sentez pas complètement à l'aise, essayez-en une autre. Les méthodes de purification sont élaborées pour vous amener à un état d'équilibre émotionnel.

Il est très bon, au moins une fois par semaine, de choisir une de ces techniques pour vous « nettoyer ». Vous vous lavez tous les jours pour vous débarrasser des saletés accumulées sur votre corps, pourquoi laisseriez-vous votre « être » s'encrasser?

D) RÉSONNER AVEC SON CRISTAL

Par sa forme et son état moléculaire harmonieux, le cristal nous permet de comprendre ce qu'est l'harmonie. Plus vous devenez harmonieux, plus vous ressentez votre cristal. Plus vous élèverez vos propres vibrations, plus vous vous rapprocherez des vibrations du cristal et serez en résonance avec lui. C'est la raison pour laquelle vous devez toujours vous centrer avant d'utiliser le cristal.

Plus vous serez en résonance avec votre cristal, plus vous recevrez ses vibrations. Le cristal ne remplace pas vos aptitudes, mais permet de vous relier à l'Énergie-Une du cosmos et les vibrations de votre corps physique, qui est aussi composé de minéraux. Comme le cristal est composé originellement de rayons cosmiques et d'énergie terrestre, il peut donc devenir une aide inestimable pour travailler sur soi.

Quand vous êtes parvenu à équilibrer vos vibrations et à résonner avec votre cristal, vous pouvez projeter l'Énergie-Une (qui est ce mélange de vibrations) en un lieu ou vers la personne que vous désirez atteindre, et cela, instantanément, sans limite d'espace ou de temps. Comprenez bien ce qui va suivre.

a) **À l'origine, lorsque tous les éléments du cristal se sont bien intégrés, il s'est cristallisé.**

b) **Quand tous les éléments de vos corps (mental, physique, émotif, etc.) seront bien intégrés, votre VRAIE CONSCIENCE se cristallisera.**

c) **Quand tous les éléments de votre conscience seront bien intégrés, vos buts et vos objectifs se cristalliseront.**

La loi de la résonance

Tout objet qui a un rythme alterné plus ou moins régulier est appelé un oscillateur. Si nous ouvrons le dictionnaire au mot oscillateur, nous pouvons lire : « Dispositif générateur d'oscillations, de décharges oscillantes. Oscillateur à cristal, à lampe. »

Le cristal est un oscillateur et il produit une vibration électromagnétique qui altère son environnement. À l'aide d'appareils spécialisés ou par l'ouïe psychique, il est possible d'entendre un cristal « bourdonner » ou selon l'expression des clairvoyants, de l'entendre « chanter ». Le cristal est souvent comparé à de la « lumière glacée ». On peut aussi affirmer qu'il est une « note cosmique gelée ». C'est à partir de cette vibration du cristal que va se produire l'effet de résonance.

Pour bien comprendre cette loi, voici quelques exemples :

Si vous accordez deux cordes d'un piano sur le « la » naturel, à raison de 440 v/s, puis que vous activez une de ces notes, la deuxième note se mettra à vibrer par sympathie, sans même y avoir touché. Nous dirons alors que ces deux notes étaient en résonance une par rapport à l'autre.

***

Une chanteuse d'opéra qui émet des sons aigus fait éclater un verre. Ce phénomène s'explique en partie par la loi de résonance. Grâce à sa voix, elle entre en résonance avec la vibration de ce verre qui, en vibrant, se brise à cause de certains éléments plus fragiles composant sa structure.

***

Si vous prenez trois boules suspendues à un même axe et que vous en faites balancer une, les deux autres se mettront à osciller par effet de résonance. Une ampoule suspendue à un mur peut entrer en relation avec les vibrations d'une note émise par un piano.

Tous les objets animés ou inanimés possèdent leur propre vibration. Dans l'exemple donné plus haut, la corde du piano, accordée à la note *la*, avait un champ vibratoire de 440 v/s (**vibration seconde**). Tous les objets qui entreront dans ce même champ de vibration, résoneront automatiquement avec ce champ. De la même manière, si vous placez sur un même mur cinq ou six horloges, elles finiront par se synchroniser à un rythme identique. L'explication de ce phénomène se comprend par une transmission d'énergie d'une horloge à une autre jusqu'à ce qu'elles s'accordent ensemble pour battre au même rythme. C'est ce même phénomène qui se produit lorsqu'une foule se réunit. Si tout le monde chante ensemble d'une façon rythmée, vous aurez l'impression d'entendre une seule voix. Une foule qui chante ou qui émet un mantra (mot chargé de pouvoir), crée un phénomène de résonance énergétique. Cette énergie peut être employée pour diverses actions.

Voyons comment cette loi peut s'appliquer au corps humain.

À l'université médicale du Connecticut, des chercheurs ont fabriqué un petit ourson en peluche et ils ont introduit un ballon dans son abdomen, relié à une sorte de pompe à air qui imite l'inspiration et l'expiration profonde de quelqu'un qui dort. Ils s'en servent pour montrer à respirer aux petits bébés nés prématurément. Cet ourson aide à régulariser la respiration et provoque un sommeil profond et paisible à ces enfants prématurés qui souffrent de problèmes respiratoires. Ces personnes ont effectué ces recherches à partir d'une expérience qu'ils ont tentée sur des petits rats privés de leur mère. Ceux qui recevaient une mère de substitution, c'est-à-dire un tube chaud et humide à pulsation qui remplaçait une tétine, survivaient, les autres mouraient. Le système respiratoire du bébé prématuré, mis en présence de ce petit ourson, entre en résonance avec lui.

De tous ces exemples, c'est la même loi qui s'applique. C'est ainsi que deux individus peuvent être sur « une même longueur d'ondes », mais si l'un d'eux venait à changer de comportement, ils pourraient devenir rapidement en disharmonie.

Pour résoner avec votre cristal ou tout autre élément, vous devez, avant tout, être conscient de l'existence réelle d'une loi qui a été prouvée et formulée par la science de la physique. C'est la loi de l'interdépendance de l'Univers et de l'énergie.

L'interdépendance de l'Universel

Selon le dictionnaire le *Petit Robert*, interdépendance veut dire : « Qui a une dépendance réciproque... qui est en interaction avec... » Cette loi nous affirme que nous ne sommes pas isolé, unique et aussi distinct qu'on le pense, mais que nous demeurons une infime partie d'un Grand Tout, l'univers cosmique, dont toutes les parties, même microscopiques, agissent les unes sur les autres. Un biologiste affirmait que si nous pensons intensément à quelqu'un, la pression sanguine de cette personne se modifiera d'une manière qui peut être mesurée.

Tout corps irradie de l'énergie électromagnétique, grâce à l'oscillation des atomes et des systèmes moléculaires. Cette énergie est transférée d'une substance à une autre, la seconde résonant au même taux vibratoire que la première. De la même manière, un générateur d'électricité statique est capable d'allumer une ampoule fluorescente à distance. Nous constatons que pour que se réalise cette interdépendance de l'énergie, il doit y avoir résonance entre les deux corps ou objets pour qu'un échange vibratoire se produise entre eux.

Deux individus qui veulent communiquer par télépathie doivent être en parfaite résonance. Voyons comment on peut effectuer cette expérience. Deux personnes doivent amener leur rythme vibratoire au même niveau, c'est la première étape. Cela se réalisera en synchronisant leur cadence respiratoire et, ensuite, en synchronisant leur corps mental, à l'aide d'un mantra par exemple. Un mantra est un son émis d'une façon spécifique qui provoque une onde vibratoire précise. Ce son oral et mental produit par ces deux individus les placera en état de résonance vibratoire. Ces individus, avec chacun un cristal spécialement conçu pour résonner ensemble, pourront, au début, échanger quelques signes et symboles. Ensuite, avec de la pratique, ils pourront se communiquer des phrases, des images, des idées-forces et cet échange sera non-verbal grâce à cette connaissance de l'interaction de l'énergie.

Une expérience intéressante a été accomplie par la fille de Gervich, illustre savant qui a fait des recherches sur la propagation de la lumière et qui a élaboré une théorie qui porte son nom.

Sa fille s'est servi de trois groupes de deux ballons en verre séparés par une cloison étanche. Elle a utilisé trois cloisons différentes : une en métal, une en verre et la troisième en quartz. Elle déposa, à l'intérieur des six ballons de verre, des cultures cellulaires identiques. Elle contamina un des deux ballons de verre en ajoutant un virus à la culture cellulaire. Dans le cas des ballons de verre séparés par le quartz, la culture cellulaire qui n'avait pas été touchée dégénéra et mourut sans avoir été en contact avec les bactéries ou le virus.

La cloison de quartz a servi d'émetteur et d'amplificateur à ce phénomène. La culture cellulaire, étant identique de l'autre côté, était en interdépendance cellulaire avec sa voisine. Elle est entrée en résonance avec la culture contaminée et a reçu un message, d'après M. Gervich, par un phénomène électromagnétique.

Il aurait été beaucoup plus intéressant si Mlle Gervich avait fait sa recherche à l'inverse, c'est-à-dire contaminer les cultures cellulaires des deux côtés, puis, guérir d'un côté seulement les cultures cellulaires et d'observer la réaction de l'autre. Les résultats auraient été beaucoup plus intéressants et significatifs.

L'Univers serait composé de systèmes de résonance ou de différents rythmes vibratoires. Il suffit de s'accorder à une des ces vibrations pour entrer en résonance avec certaines énergies. C'est ce qui se passe lors de la création d'un égrégore. C'est aussi ce que voulait dire Jésus-Christ quand il déclarait que si plusieurs personnes se réunissaient en son Nom pour prier, elles obtiendraient ce qu'elles demandent. Car si plusieurs personnes se réunissent pour prier ensemble, elles entreront en résonance, et leur énergie étant multipliée puis unifiée pourra être focalisée soit pour guérir ou obtenir quelque chose de précis.

Tout l'Univers étant en interdépendance énergétique et toute énergie étant en interaction, l'homme qui est au centre de ces énergies peut agir sur elles.

Le corps et la loi de la résonance

Qu'arrive-t-il si un des organes du corps humain se dérègle ? La maladie. Il suffit de réharmoniser cet organe pour qu'il réintègre le rythme général du corps et pour que la santé revienne. En concentrant sa propre énergie psychique et en la focalisant à travers un cristal, il est possible d'émettre une puissante vibration harmonisante et ainsi redonner à l'organe atteint sa fréquence normale. C'est ce qui se passe avec un « pacemaker » qui permet de régulariser les battements cardiaques à un rythme normal.

Lorsque vous contrôlez votre respiration à l'aide d'une technique respiratoire, un effet oscillatoire se crée dans le corps, apportant un effet de résonance entre le corps et l'esprit. Quand la respiration est rythmée, une fréquence de sept cycles par seconde se crée. Cette vibration de sept c/s est la fréquence normale d'un corps sain. Il est intéressant de noter que l'état alpha où se situe la frontière du conscient et de l'inconscient possède également un cycle de sept c/s.

En 1952, W. O. Schumann découvrait qu'entre notre planète et l'ionosphère, une certaine onde produit une résonance qui a été surnommée «résonance de Schumann». Dix ans plus tard, le bureau américain de la Radio-Propagation confirma cette découverte et mesura cette «onde planétaire» qui fut estimée à sept c/s. Il n'y a aucune coïncidence si notre corps, notre mental et la planète ont le même rythme. Un des grands problèmes qui existe dans notre monde est justement cette désynchronisation entre notre rythme corporel, mental et le rythme planétaire. N'oubliez pas que le cristal a enregistré pendant des milliers d'années cette vibration particulière de la planète dans sa structure moléculaire. Le cristal est un outil d'une grande valeur qui nous aide à synchroniser notre corps-esprit-planète.

Nous pouvons reproduire, à l'aide d'une seule cellule, un corps entier. Une cellule possède en elle-même toute la mémoire du corps humain, ce qui permet de cloner un animal ou même un être humain, c'est-à-dire de reproduire exactement les mêmes caractéristiques que l'original. Il est possible seulement à l'aide d'un cheveu, d'une goutte de sang ou un bout d'ongle d'entrer en contact ou en résonance avec une personne. C'est à l'aide de ces éléments humains que les sorciers, les occultistes, les guérisseurs à distance, les initiés ou les radiesthésistes se servent de «témoins» pour guérir ou envoûter un individu.

Certains admettent que le cristal pourrait nous servir de «témoin» pour guérir notre planète. On avance même cette théorie que les cristaux n'ont pas seulement participé à la création de notre planète, il y a de cela quatre milliards d'années, mais aussi, qu'ils porteraient en eux l'empreinte même de la création de l'Univers. Les cristaux seraient donc en résonance avec le cosmos entier, puisqu'on en trouvent partout dans l'Univers.

Voici maintenant une technique **très puissante** à l'aide de laquelle vous pourrez mettre en application la loi de résonance. Cette technique est surtout utile pour venir en aide à quelqu'un. N'oubliez pas la loi cosmique qui dit que « toute énergie envoyée à quelqu'un vous revient en force ». Toute bonne pensée envoyée à quelqu'un vous reviendra amplifiée. Vous vous servirez aussi de cette loi de résonance et **d'interdépendance de l'énergie** dans le chapitre intitulé : « La formule magique pour cristalliser vos désirs. »

Envoi d'une forme-pensée avec le cristal

Tout le monde a entendu parler de la prière comme moyen de guérison. Bien effectuée par des gens conscients de l'efficacité de cette technique, elle peut être la cause de miracles. Voici une technique pour envoyer une forme-pensée (guérison, amour, prospérité, santé etc.) à quelqu'un de votre entourage et les points importants à retenir pour bien effectuer cet exercice.

Respirez profondément pendant une dizaine de minutes pour accumuler le maximum d'énergie dans votre corps. Vous en aurez besoin pour créer psychiquement votre forme-pensée. Votre cristal servira à recevoir cette énergie et à la transmettre dans le plan astral (plan émotif), pour qu'elle rencontre dans ce plan le corps astral de la personne avec qui vous voulez être en contact. Cette personne recevra votre forme-pensée par son corps astral qui est en **résonance** avec le plan astral.

Vous avez accumulé dans votre corps cette Énergie-Une, grâce à la technique de la **respiration profonde complète**, et vous l'avez dirigée dans le cristal. Entrez maintenant à l'intérieur de votre corps. Vous perdez tranquillement le contact avec le monde extérieur qui n'est pas aussi réel que vous le pensez. Vous vous retrouvez dans cette autre partie de vous-même qu'on ne voit pas, mais qui, pourtant, est bien réelle.

Supraconscient = Maître du « Je Suis Moi »

À l'intérieur de votre corps, prenez conscience de la partie de vous-même qui analyse tout ce qui se dit et le filtre selon vos préjugés, vos croyances, votre religion, etc. **C'est le moi conscient, le «** *JE* **».**

Vous possédez en vous une autre partie qui enregistre tout ce qui se passe, sans jamais rien oublier, **c'est le moi inconscient ou subconscient, le «** *MOI* **».** Depuis votre naissance, chaque seconde a été enregistrée, et tout ce qui s'est passé autour de vous à l'aide de tous vos sens. Si, à l'aide d'une technique, vous étiez transporté dans le temps, vous vous sentiriez à cette époque passée comme si vous y étiez vraiment. Vous verriez les couleurs, sentiriez les odeurs, entendriez les sons, selon la manière que votre subsconscient les a enregistrés.

Vous avez une troisième partie en vous et c'est celle-là qui est en réalité la plus importante : **c'est le SUPRACONSCIENT, le «** *JE SUIS* **».** Cet état, bien maîtrisé, nous donne accès à **notre réelle identité.** Les véritables pouvoirs viennent du Supraconscient. Cette partie supraconsciente nous permet de réaliser des actes de bravoure, elle inspire les artistes et les savants, tels que Léonard de Vinci ou Thomas A. Edison.

Le supraconscient est cette petite voix qui vous dit « de ne pas faire ceci » ou, au contraire, « de faire cela ».

Vous pouvez entrer en contact avec le supraconscient. Dites-vous : « Je sais supraconscient qu'en ce moment « *Tu Es* » en moi. Aide-moi à diriger cette forme-pensée de ————— *(placez ici l'idée-force : ex. : énergie de guérison)* vers ————— ————————— *(placez le nom de la personne visée).* »

Représentation du sujet. Pensez maintenant à cette personne en détails. Imaginez sa grandeur, sa taille, la couleur de sa peau, de ses cheveux, de ses yeux. Visualisez le plus de détails possibles comme, par exemple, l'odeur de son parfum (si vous en avez, vous pouvez mettre un peu de son parfum sur vous, votre sens de l'odorat **résonnera** avec votre sujet). Imaginez sa voix, bref, visualisez le plus de détails possibles avec tous vos sens, pour être capable de **résonner** avec cette personne. Faites cet exercice pendant environ 10 minutes. En même temps, visualisez votre cristal qui se « connecte » à cette personne et à son rythme vibratoire. Voyons comment cela se produit.

Quatrième dimension ou plan astral : La technique que vous utiliserez agira sur un autre plan que le plan physique. Nous habitons dans un monde à trois dimensions (si nous ne comptons pas le temps), et cela tout le monde le sait. Ce que plusieurs ignorent, en-dehors de notre monde tridimensionnel, c'est l'autre côté de notre dimension physique (un peu comme une photo et son négatif). Il existe d'autres plans, mais pour effectuer cette technique, nous utiliserons le plan astral qui est un prolongement de notre plan physique où sont transportées les émotions, les formes-pensées, etc.

Quand nous rêvons, il arrive que nous nous retrouvions dans ce plan. Dites-vous bien que lorsque vous fermez les yeux le soir et que vous vous endormez, vous n'êtes plus dans un monde à trois dimensions, mais bien dans cette quatrième dimension. Nous passons au moins le tiers de notre vie dans cette dimension et si vous apprenez la « technique du contrôle des rêves avec le cristal » vous pourrez emporter de bons souvenirs de ce plan astral.

Ce que nous devons retenir du plan astral est que toute pensée est créée dans ce plan avant de descendre dans le plan physique. Si des pensées de crainte et de maladie sont émises continuellement dans ce plan, elles tendent à revenir dans notre corps astral causant un affaiblissement ou une maladie qui se répercute sur le plan physique. Ne choisissez donc que des images positives et filtrez ce qui est négatif. Pour la technique de la forme-pensée, utilisez le plan astral pour :

A) Entrer en **résonance** avec le sujet qui doit recevoir votre forme-pensée. Imaginez que vous créez un long tuyau qui se rend exactement à l'endroit où réside votre sujet. Imaginez ce « tuyau astral » qui sort de votre cristal et qui se rend jusqu'au corps astral de l'individu traité. Vous êtes maintenant lié astralement avec votre sujet, donc en **résonance** avec celui-ci par **l'interaction** de vos corps astraux.

B) Créer une forme-pensée avec l'énergie de **votre corps astral** que vous allez envoyer dans ce « tuyau astral ». À l'aide de votre cristal, puisez l'énergie de votre corps astral comme matière première essentielle pour construire votre forme-pensée. Résumons cette technique.

Prenons, pour exemple, une personne de votre connaissance qui est malade.

I) Couchez-vous sur le dos, les paumes des mains tournées vers le plafond. Fermez les yeux. Vous tenez un cristal dans la main gauche, la pointe dirigée vers l'épaule et un cristal dans la main droite, la pointe dirigée vers le bout des doigts.

II) Effectuez la technique de respiration profonde et complète pendant 10 minutes, ce qui aura pour effet d'accumuler l'Énergie-Une dans votre corps.

III) Détendez-vous et centrez-vous bien.

IV) Représentez-vous mentalement la personne que vous désirez aider le plus fidèlement possible. Imaginez votre « tuyau astral » sortant de votre main droite par la pointe du cristal. Visualisez ce tuyau comme une extension de votre corps astral qui va s'accorder avec le corps astral de votre sujet. Après 10 minutes de visualisation, vous serez en **résonance** avec votre sujet.

V) Ouvrez les yeux. Tenez vos cristaux dans vos mains à l'aide des pouces. Pliez et ramenez vos bras vers vous, la pointe des doigts dirigée vers le plafond. Courbez légèrement vos mains (paumes face à face) pour créer une petite sphère. Visualisez l'énergie sortant de la pointe du cristal gauche qui entre par la base du cristal droit, ressortant par sa pointe pour entrer par la base du cristal gauche. Imaginez cette énergie circulant de plus en plus vite, pour former une boule d'énergie.

VI) Imprégnez dans cette sphère d'énergie votre forme-pensée qui sera, dans le cas présent, une énergie de guérison. Imaginez de l'énergie de couleur verte emplir toute cette sphère d'énergie.

VII) Après avoir bien visualisé et concentré votre énergie dans cette sphère, envoyez cette forme-pensée dans le tuyau astral. Fermez les yeux. Visualisez l'énergie de guérison verte sortant de vos mains et entrant dans ce tuyau pour se diriger instantanément dans le corps de votre sujet. Imaginez cette énergie qui entre dans tous ses corps : physique, éthérique, émotionnel (astral), mental, etc. Cette sphère d'énergie verte se fusionne dans ses corps et accélère leur taux vibratoire, ce qui amènera leur guérison complète. Visualisez cette personne complètement rétablie et en pleine santé.

VIII) Revenez tranquillement à vous. Imaginez le tuyau qui revient dans vos cristaux, pour ensuite disparaître. Tous les liens sont maintenant coupés. Bougez votre corps et ouvrez les yeux. Purifiez vos cristaux à l'aide de la méthode « accélérée » que nous avons décrite dans le chapitre de la purification des cristaux.

Voici quelques conseils pour bien réaliser cette technique.

Il est très important d'être bien centré et concentré avant de créer cette sphère d'énergie. En aucun moment, vous ne devez être stressé ou dans un état d'émotion intense, car vous enverreriez des pensées négatives dans le «tuyau astral».

Vous ne devez JAMAIS utiliser cette technique pour envoyer des pensées négatives à quelqu'un. Vous êtes en résonance avec cette personne, si votre pensée était négative, **vous recevriez cette même énergie.**

Cette technique demande beaucoup d'énergie ; il est donc important d'accumuler, par la technique de respiration, un surplus d'énergie qui servira à créer cette forme-pensée.

N'oubliez pas de couper le contact et de ramener le « tuyau astral », afin d'éviter une « vampirisation » d'énergie qui diminuerait votre pouvoir vital.

E) LA RELAXATION ET LA MÉDITATION

La méditation élève l'esprit vers d'autres dimensions de la réalité, elle détache l'esprit du corps et de l'existence terrestre en l'élevant vers de nouveaux mondes de compréhension. En fermant les yeux, vous les ouvrez à votre monde intérieur. La méditation est l'instrument le plus efficace pour se transformer intérieurement. En vous détachant de vos sens extérieurs et en orientant votre vision vers l'intérieur, vous devenez alors conscient que toute chose venant de l'extérieur influe sur votre intérieur. En changeant votre perception de l'extérieur, votre intérieur changera automatiquement. « **L'homme devient ce qu'il pense.** » Le monde extérieur est exactement le reflet de ce qui se passe en vous et vice-versa.

1) LA RELAXATION AVEC LE CRISTAL

Placez un cristal d'améthyste sur le sixième chakra, situé à la racine du nez (entre les sourcils). Tenez un cristal de roche dans la main gauche, la pointe dirigée vers votre épaule. Tenez un autre cristal de roche dans la main droite, la pointe dirigée vers l'extérieur (pointant vers les ongles). Les deux cristaux sont placés dans la paume des mains qui sont tournées vers le plafond. Écartez les bras pour former un triangle avec les trois cristaux.

Fermez les yeux. Après avoir relaxé avec la méthode simple, essayez de ressentir l'énergie dans votre corps. Observez et ressentez l'effet produit par ces trois cristaux. Restez immobile pendant environ 5 minutes. Puis concentrez-vous sur votre améthyste que vous avez placée au centre de votre front. Portez toute votre attention sur la sensation qu'elle vous donne.
Imaginez qu'un point lumineux, une petite sphère, se crée dans votre troisième œil. Ce point s'agrandit pour devenir aussi gros que votre cristal ; il tourne dans le sens contraire des aiguilles d'une montre. Observez ce point qui tourne de plus en plus vite.

Visualisez maintenant cette sphère lumineuse qui envoie de l'énergie dans le cristal de votre main droite. Visualisez votre cristal qui s'active et qui vibre. Puis, les rayons de cette énergie se communiquent dans votre main gauche et dans ce cristal. Il s'active à son tour et vibre avec cette énergie pour revenir ensuite à la sphère lumineuse de votre front.

Visualisez cette énergie qui se promène de plus en plus vite dans le triangle pour créer un triangle lumineux parfait. Faites cet exercice pendant une dizaine de minutes, pas plus. Après ce temps, visualisez les rayons lumineux du cristal de la main gauche qui disparaissent graduellement. Puis, le cristal de votre main droite reprend sa vibration normale et les rayons disparaissent. Il ne reste plus que votre sphère, située dans votre améthyste, qui diminue en intensité pour devenir un tout petit point lumineux qui disparaît à son tour. Reprenez conscience de votre environnement, respirez profondément et demeurez ainsi pendant quelque temps. Puis, ouvrez les yeux. Méditez sur ce qui s'est passé.

2) LA RELAXATION DE DAVID

Voici un exercice de relaxation et de méditation très puissant. Si vous écoutez des cassettes de motivation personnelle ou de connaissance de soi, voici un excellent exercice pour bien assimiler et comprendre aisément ce que vous écoutez. Nous avons vu brièvement, au début de cet ouvrage, que l'étoile de David représente la connaissance de l'homme et qu'elle est en résonance avec notre cristal. La forme étoilée que vous créerez avec les cristaux activera certaines énergies des plans supérieurs.

Regardez bien le dessin ci-dessous. Placez vos six cristaux dans l'ordre indiqué. Vous pouvez utiliser seulement des cristaux de quartz ou vous pouvez placer, sur la pointe du haut, un cristal d'améthyste et sur la pointe du bas un cristal fumé.

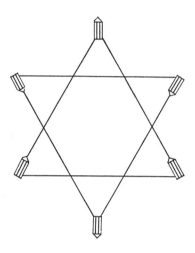

L'étoile de David

Placez-vous au centre de cette étoile. Si vous possédez un cristal à gâchette, vous pouvez activer préalablement cette étoile en dirigeant votre énergie dans chacun des cristaux. Puis, dessinez avec votre cristal à gâchette chaque triangle qui a la forme de l'étoile.

Détendez-vous et ressentez l'énergie que dégage cette étoile ou écoutez de la musique méditative ou une cassette éducative.

LA MÉDITATION

Quand vous serez apte à relaxer facilement, vous pourrez commencer à méditer. Nous choisirons une méthode de méditation très simple. Si vous utilisez déjà une méthode de méditation, modifiez notre technique en l'adaptant à la vôtre.

Placez un cristal, de préférence une améthyste, sur le sixième chakra situé entre les sourcils. Vous pouvez vous servir d'un bandeau pour le maintenir en place. Choisissez un bandeau blanc, bleu ou violet. Il va de soi que ce bandeau ne devra servir qu'à la méditation et que vous ne l'utiliserez pas pour jouer au tennis !

Asseyez-vous sur une chaise ou sur le sol ou bien mettez-vous à genoux ; l'important, c'est que vous soyez à l'aise. Placez un cristal dans la paume de votre main gauche, la pointe tournée vers vous. Placez votre main droite en-dessous de votre main gauche. Laissez reposer le dos de vos mains sur vos cuisses.

Centrez-vous.

Quand vous vous sentez bien centré, suivez la méthode de relaxation simple.

Après environ 10 minutes de relaxation, portez toute votre attention sur le cristal placé sur le sixième chakra. **Concentrez toute votre attention sur ce point et respirez calmement par le ventre.**

Quelques conseils

Vous pouvez méditer tout le temps que vous le désirez. Concentrez toute votre attention sur l'améthyste et sur votre respiration. Si des pensées vous viennent à l'esprit, vous avez deux choix : les chasser en vous recentrant sur votre cristal du 3e œil et en vous concentrant sur votre respiration ou bien laisser voguer ces pensées en vous comme un petit bâton qui flotte sur l'eau. Ne faites pas l'effort de ne pas penser, mais laissez plutôt votre corps **être. Observez-vous, ressentez l'énergie des cristaux et respirez,**

tout simplement. Le cristal que vous tenez dans vos mains ne servira qu'à l'étape de relaxation. Quand vous vous détendez, gardez à l'esprit que c'est votre cristal qui vous relaxe. N'oubliez pas à la fin de votre méditation, de revenir tranquillement à vous avant d'ouvrir les yeux et de vous lever.

Vous pouvez méditer dans une étoile de David.

Méditez le dos au nord et le visage au sud pour obtenir de meilleurs résultats. En vous orientant de cette manière, vous serez aligné avec le flux naturel de la terre, c'est-à-dire l'énergie magnétique et tellurique. Tout le monde peut capter cette énergie avec une boussole. Le cristal a une forte résonance avec le pôle magnétique. Quand vous le pouvez, placez-vous dans la direction nord-sud et vous obtiendrez plus de résultat avec votre cristal.

Pour conclure ce chapitre, prenez l'habitude de méditer plusieurs fois par semaine. Avec de la pratique, vous parviendrez à entrer en méditation, après quelques minutes seulement.

2. LA FORMULE MAGIQUE POUR CRISTALLISER VOS DÉSIRS

Ce chapitre contient tous les secrets pour obtenir ce que vous voulez. Si vous adaptez cette formule dans votre vie et que vous l'utilisez de concert avec votre cristal, vous verrez de vos propres yeux cette magie transformer complètement votre quotidien. Suivez chaque étape scrupuleusement et effectuez ce qui vous est indiqué et vous transformerez votre vie grâce à cette formule d'affirm'action combinée avec l'énergie du cristal. Les gens de votre entourage seront spectateurs de cette transformation et quand ils vous diront que la chance est avec vous, vous sourirez, car vous saurez que c'est vous qui créez cette chance.

Pour obtenir ce que vous voulez, il ne vous faut qu'une seule chose ; si vous ne l'avez pas, il est inutile de poursuivre cette lecture.

Quelle est cette chose qui transformera votre vie **si vous l'avez vraiment** ? **LE DÉSIR.**

Si votre vie n'est pas un succès, alors vous ne savez pas ce qu'est vraiment le désir. Ne désespérez pas, vous apprendrez à la fin de ce chapitre ce qu'il représente vraiment. Si vous ne réussissez pas VOTRE VIE, au moins, vous saurez pourquoi et **qui** blâmer. Ce ne sont pas les autres, le gouvernement, les événements de la vie, mais c'est VOUS qui êtes responsable de votre vie. Vous pensez peut-être en ce moment que j'exagère ! Mais **qui** peut changer *votre vie* AUJOURD'HUI ? Seulement vous. Vous pouvez toujours obtenir de l'aide de votre entourage, mais QUI devra demander cette aide ? Encore vous. Dites-vous bien que **tout échec dans la vie peut servir de tremplin au succès.**

Vous n'avez qu'à chercher le tremplin pour obtenir le succès. Celui qui abandonne est celui qui a perdu.

Quand vous êtes découragé, relisez ce chapitre à quelques reprises avec votre cristal. Puis méditez et demandez ce que vous devez faire. Fermez les yeux et attendez la réponse. Si vous ne l'obtenez pas immédiatement, ouvrez les yeux, et soyez prêt à recevoir la réponse, car votre subconscient travaillera jour et nuit pour vous apporter la solution, en autant que vous l'alimentez en conséquence.

A) QU'EST-CE QUE LE DÉSIR ?

Le désir est le summum d'une émotion ou d'un sentiment puissant dirigé vers un objectif ou un objet matériel qui donnera une satisfaction émotive à l'obtention de celui-ci. Une émotion que nous éprouvons pour une personne deviendra un désir ardent pour une autre.

Désirer quelque chose implique un état émotionnel puissant. Il est important de comprendre la différence entre **affectionner** une chose et la **désirer puissamment.** Il y a toute une différence entre penser à ce que vous désirez et obtenir ce que vous voulez.

L'affection est un sentiment ou une émotion qui nous attire vers une chose ou une personne. Le désir, lui, est plus actif et comprend en lui-même l'élément affectif. Il nous incline à vouloir obtenir l'objet de notre affection tandis que l'affection est seulement l'attrait ou l'intérêt pour un objet. Donc, l'affection nous fait aimer l'objet ; le désir de cet objet nous fait plus que l'aimer, nous le convoitons et nous ne serons apaisés que lorsque notre objectif sera atteint.

Pour qu'une chose devienne un désir, il faut avant tout que ce désir soit suscité par une émotion. Si l'émotion devient très intense, elle se transforme en un désir qui deviendra une aspiration, un besoin et une passion pour tout ce qui se rapporte à ce désir. Si le désir devient assez puissant, il se traduira par une décision de vouloir à tout prix ce vers quoi il est attiré. C'est le premier stade de la volonté.

LA VOLONTÉ. Si vous désirez une chose ardemment, c'est la volonté que vous y mettez qui vous fait agir de manière à réaliser ou à obtenir l'objet de votre désir. Sans la volonté ferme d'agir, vous n'obtiendrez pas ce à quoi vous aspirez; votre désir ne sera qu'un rêve, qu'une illusion sans pouvoir de réalisation. Vous devez être prêt en tout temps à passer à l'acte pour obtenir l'objet de votre convoitise. Combien de personnes qui, si proches de l'obtention de leur vœu, abandonnent par lâcheté, ou pour toutes sortes de peurs ou de raisons injustifiées.

Pour éviter que cela ne se produise, si tel est le cas, assurez-vous d'analyser en détails l'objet de votre désir. Si vous voulez, par exemple, maigrir, interrogez-vous sur la cause de votre embonpoint. Mangez-vous pour compenser un manque affectif ou parce que vous êtes émotif? Est-ce une manière de combattre le stress quotidien? Si c'est la tension nerveuse qui vous fait engraisser, vous devriez programmer un cristal pour combattre le stress. Quand vous serez tendu, au lieu de jeter votre dévolu dans la nourriture, prenez votre cristal et dites, par exemple: «Je n'ai pas besoin de (évoquez la nourriture superflue que vous alliez prendre) pour compenser mon stress. Désormais, je suis svelte, énergique et en parfaite santé. Le cristal absorbe mon stress et je suis calme et détendu.» En affirmant cela, imaginez votre tension nerveuse qui entre dans votre cristal, comme si elle était aspirée par celui-ci.

Lisez trois fois la phrase qui suit.

JE PEUX OBTENIR TOUT CE QUE JE DÉSIRE,
SI SEULEMENT JE LE VEUX ABSOLUMENT.

Trop de gens font l'erreur de formuler un vœu, ou un souhait sans y mettre l'enthousiasme nécessaire à sa réalisation. Elles aimeraient bien que ce souhait se réalise, mais elles se disent, qu'au fond, elles ne le méritent peut-être pas et que ce vœu est peut-être irréalisable. Elles tuent alors tout espoir de réalisation.

Elles doivent apprendre ce qu'est le vrai désir et la manière de le ressentir.

Mais qu'est-ce qu'un vrai désir, direz-vous ? Voici quelques exemples. Lisez-les attentivement et découvrez par vous-même ce qui fait la puissance du vrai désir.

Un maître Zen était assis avec un de ses disciples dans une barque. L'eau était calme et le paysage paisible. Le jeune moine lui demanda : « Qu'est-ce que le désir ? » Sans dire un mot, le maître prit la rame et poussa le moine par-dessus bord. Le jeune moine cala au fond de l'eau et quand il essaya de remonter à la surface, le maître ne lui laissa pas le temps de reprendre son souffle et, avec l'aide de sa rame, le retint sous l'eau. Le moine se débattait tant bien que mal à la recherche d'oxygène. Quand le maître vit que le moine commençait à faiblir, il se rassit dans la barque comme si rien ne s'était passé.

Le jeune moine réussit à sortir la tête de l'eau et, haletant, cherchait désespérément à retrouver son souffle. Il remonta dans la barque et s'assit, complètement exténué. Le maître le fixa du regard et lui demanda calmement : « Qu'as-tu pensé pendant tout le temps que tu étais sous l'eau ? » Le jeune moine encore tout essoufflé lui répondit : « Je ne pensais à rien, la seule chose que je voulais, c'était de l'air. »

« Est-ce que tu pensais à autre chose qu'à de l'air ? », lui dit le maître avec un petit sourire.

« Non ! La seule chose que j'avais en tête était de respirer, il n'y avait rien de plus important pour moi. Il me fallait coûte que coûte de l'oxygène », lui répondit le moine.

Le moine commençait à comprendre où voulait en venir le maître. Ce dernier, remarquant la lueur dans les yeux du jeune moine, lui dit : « Je crois que tu as compris la différence entre un souhait et un désir réel. »

Si un homme, perdu dans une forêt, était dans l'obligation d'y vivre pendant plusieurs mois, il découvrirait ce qu'est le désir réel de manger. Tous ses instincts se concentreraient sur cet unique but : trouver de la nourriture. Et cet homme, aussi civilisé qu'il soit, se transformerait en bête affamée devant tout ce qui représenterait pour lui de la nourriture.

Des individus, en danger de mort, ont accompli des exploits surhumains pour sauver leur vie, car ils désiraient vivre. Une femme a soulevé une automobile pour sauver un enfant qui était coincé en-dessous. Cette femme désirait vraiment sauver la vie de l'enfant.

Voilà l'intensité que vous devez placer dans votre désir pour qu'il s'accomplisse. Vous devez être convaincu coûte que coûte que vous le réaliserez, que vous êtes en mesure de l'obtenir et prêt à en recevoir le bénéfice.

B) « LA FORMULE MAGIQUE » POUR CRISTALLISER VOS DÉSIRS

Voici maintenant ce que depuis longtemps vous souhaitez recevoir : « *LA FORMULE MAGIQUE* ». Mais attention ! Cette formule, si elle est suivie à la lettre et point par point, va vraiment vous permettre d'obtenir ce que vous désirez, à la seule condition que vous soyez prêt à aller jusqu'au bout et que votre désir est réaliste. Voici la formule :

Vous pouvez obtenir tout ce que vous désirez si :
1. Vous connaissez parfaitement ce que vous désirez.
2. Vous le désirez ardemment.
3. Vous êtes assuré de le recevoir.
4. Vous êtes toujours préparé et prêt à le recevoir.
5. Vous êtes disposé à faire tous les sacrifices voulus.

Si vous suivez point par point cette formule, en étant vraiment honnête avec vous-même, il est pratiquement impossible d'échouer. Certaines personnes, en suivant ce procédé, ont obtenu le fruit de leurs désirs avec une rapidité telle, qu'elles croient maintenant aux miracles. Voyons ensemble chaque élément de cette formule magique. Avant de continuer cette lecture, ayez à la portée de la main plusieurs feuilles de papier et un crayon.

1- Connaissez parfaitement ce que vous désirez

Cela constitue la première étape pour obtenir ce que vous voulez. Si nous ouvrons le dictionnaire, *Le petit Robert,* au mot « connaître », nous pouvons lire ce qui suit :

CONNAÎTRE : Avoir présent à l'esprit un objet réel ou vrai (concret ou abstrait, physique ou mental) ; être capable de former l'idée, le concept, l'image de.

Nous devons séparer le mot *connaître* en deux parties : *savoir* et *connaissance.*

Savoir. Pour *avoir* ou *être* ce que vous voulez, vous devez avant tout savoir ce que vous voulez. Savoir, c'est avoir à l'esprit l'idée, l'objet de votre pensée ou l'image de ce qu'on veut obtenir.

Par exemple, si vous voulez améliorer votre apparence, être en meilleur santé et mieux vous sentir dans votre peau, vous devez vous regarder et reconnaître que vous avez 20 ou 30 livres en trop. Vous savez que vous devez maigrir et perdre cet excédent de poids ; donc vous savez maintenant que le désir à programmer dans votre cristal de quartz sera de *maigrir.*

Vous vivez dans un logement et vous pensez que le coût de votre loyer est trop élevé parce que ce logement ne vous appartient pas. Vous voudriez plus d'intimité et, en même temps, vous désirez une sécurité pour vos vieux jours. Votre désir est donc de **posséder une maison.**

Si vous travaillez dans une usine et que vous détestez ce travail, votre désir **est de vous trouver un autre emploi.** Si vous ne savez pas quel genre de travail vous voudriez faire, vous devrez travailler sur vous-même pour trouver ce que vous pouvez **faire** et **être.**

Connaissance. C'est le fait de connaître une chose précisément. C'est la connaissance profonde d'une chose. C'est approfondir un élément, une idée, une notion, un sujet, grâce à des instructions, une éducation, des livres ou des cours sur ce que vous désirez.

Déjà, vous avez le désir d'améliorer ou de parfaire une facette de votre personnalité ou de votre vie et vous avez choisi d'utiliser le cristal de quartz. C'était une excellente idée ! Le désir d'utiliser le cristal c'est transformé en la connaissance de celui-ci. Vous n'avez pas fini d'être étonné de l'énorme connaissance qu'il a à vous communiquer. Poursuivons nos exemples précédents.

Vous avez programmé votre cristal pour maigrir. Maintenant, vous devez acquérir une connaissance sur l'art de maigrir. Qu'est-ce qui vous fait engraisser ? Quels aliments ne doit-on pas combiner ? Devriez-vous suivre un régime prescrit par un médecin, par une clinique spécialisée ? Vous devrez déterminer vos objectifs à court et à long terme, comme, par exemple, perdre un kilo par semaine. Cela signifie que dans douze semaines votre objectif sera atteint si vous avez douze kilos à perdre. Votre cristal, une fois programmé, attirera le meilleur régime pour vous et toutes les connaissances que vous devez acquérir.

Votre désir est de posséder une maison ? Mais que voulez-vous exactement ? Une maison en bois rond dans une forêt ou une roulotte dans les montagnes ? Si ce n'est pas cela que vous voulez, il faut que vous soyez précis ! Vous devez savoir et connaître le genre de maison que vous voulez : de style canadienne, un bungalow, un semi-détaché, etc. Combien de pièces voulez-vous : quatre, six, neuf ? Combien de pieds de terrain avez-vous besoin ? Assez de terrain pour construire une piscine ? Dans quelle ville voulez-vous habiter, en banlieue ou à la campagne ? Combien pouvez-vous payer ?

Vous devez avoir l'image exacte et précise de la maison que vous voulez. Si vous trouvez que cela est trop compliqué, c'est que, en réalité, vous ne désirez pas vraiment posséder une maison et jamais vous ne l'obtiendrez. Ne faites pas comme beaucoup de gens qui pensent que la première maison qui se présentera sera la leur. Vous pourriez être amèrement déçu après quelques mois en vous apercevant que vous n'aimez pas l'entourage, l'intérieur ou l'aménagement. Ne prenez pas l'attitude de ceux qui disent que le moment venu, ils choisiront leur maison, car vous risquez d'attendre longtemps.

ATTENTION ! Si vous rêvez d'avoir une maison et n'avez pas actuellement les moyens de vous en acheter une, vous devrez alors programmer votre cristal pour la prospérité. Ce cristal vous aidera à obtenir les moyens d'attirer à vous la maison que vous désirez et pour laquelle vous avez programmé votre cristal.

Le côté merveilleux et extraordinaire du cristal de quartz est sa capacité d'amener à soi les connaissances requises pour obtenir ce que vous désirez. Après que vous l'aurez programmé et par le travail quotidien que vous effectuerez sur lui, il servira à réunir les éléments requis pour vous aider à obtenir ce que vous désirez. Si vous ne savez pas vraiment ce que vous voulez et comment l'obtenir, vous l'apprendrez en lisant ce qui suit.

CRISTALLISER VOS DÉSIRS

Si vous n'avez pas de papier et un crayon sous la main, allez les chercher. Ce simple geste pourra changer votre vie. Alors faites ce petit effort en échange d'une transformation dans votre vie. Ici et maintenant constitue le moment pour transformer votre vie ; pas tantôt ni demain, mais MAINTENANT.

Souvent, on désire ceci ou cela, mais on n'a jamais fait le simple geste de l'écrire sur du papier. Le fait d'écrire ce que vous désirez obtenir créera une puissance énorme, car il cristallisera l'objet de vos désirs par l'entremise de votre crayon.

Le simple geste d'écrire vos désirs sur une feuille de papier vous séparera du simple rêveur qui se sert **seulement de son imagination fantaisiste**. La personne **réaliste** se sert de son **imagination CRÉATRICE**. De la même manière, vous pouvez utiliser un livre pour vous détendre, relaxer, rêver ou pour acquérir des connaissances que vous appliquerez dans votre vie.

Si vous n'avez pas une feuille de papier et un crayon dans les mains, vous savez maintenant ce que vous êtes : UN RÊVEUR.

Bravo ! Si vous avez vos crayons et du papier, vous êtes alors un CRÉATEUR. Vous obtiendrez ce que vous allez demander dans la vie.

Maintenant, écrivez tout ce que vous désirez obtenir dans votre vie. N'utilisez pas votre conscience analytique qui fait partie de votre cerveau gauche, mais servez-vous plutôt de votre cerveau droit qui est créatif. Écrivez tout ce qui vous passe par la tête. Si vous avez votre cristal, placez-le dans votre main GAUCHE ; il activera votre cerveau droit. Cessez d'écrire quand vous n'avez plus d'inspiration, détendez-vous et puis essayez à nouveau de trouver d'autres désirs qui sont enfouis très loin dans votre subconscient. **Il est très important de ne pas analyser ce que vous écrivez ; écrivez tout simplement ce qui vous passe par la tête. Nous ferons plus loin une sélection entre vos désirs profonds et ceux qui ne le sont pas.**

Désirez-vous obtenir plus d'argent ?
Voulez-vous un meilleur emploi ?
Voulez-vous une meilleure santé ?
Recherchez-vous un époux(se) ?
Voulez-vous vous débarrasser d'un vilain défaut ?
Recherchez-vous un mariage stable ?
Aimeriez-vous entreprendre une nouvelle carrière ?
Avez-vous besoin d'un nouveau mobilier ?
Voulez-vous une automobile, un téléviseur ?
Souhaitez-vous vous établir à votre compte ?

Allez-y, n'hésitez pas, écrivez tous vos désirs !

Vous pouvez vous servir des mots clés ci-dessous et créer des sections pour classer chacun de vos désirs.

SANTÉ
ARGENT
TRAVAIL
LOISIRS
RELATIONS ET AMIS

OBJETS MATÉRIELS
QUALITÉS, HABITUDES
ÉVOLUTION PERSONNELLE
ÉDUCATION / CONNAISSANCE

Mettez de côté cet ouvrage pour un moment et exécutez à fond ce travail d'auto-planification de votre vie.

Votre liste est-elle terminée? Alors vous pouvez continuer votre lecture. Nous arrivons à la deuxième étape qui consiste à éliminer des désirs plus faibles.

Voici la manière dont vous allez opérer pour éliminer les désirs de moindre importance ou plus faibles. Vous pouvez les soustraire en les rayant simplement ou en les encerclant, ce qui signifie que vous les reportez à plus tard.

I) Si vous avez placé des désirs non personnels, comme, par exemple, l'obtention d'une plus grande piscine (que celle que vous avez déjà) seulement pour impressionner votre voisin, éliminez-les. Éliminez aussi les désirs qui ne servent qu'à épater les autres. Si vous avez besoin d'une automobile et que vous inscrivez une *Porsche* dans le but de montrer aux autres que vous valez quelque chose, éliminez le mot *Porsche* et trouvez un modèle plus pratique ou tout au moins, demandez-vous si vous avez besoin de cette voiture pour vous faire valoir aux yeux d'autrui.

II) Entourez tous les désirs qui ne correspondent pas à des besoins indispensables. Faites de même avec ceux qui ne sont pas nécessaires à votre bien-être.

III) Si vous avez des désirs fantaisistes ou farfelus, éliminez-les. Gardez les désirs pour lesquels vous êtes prêt à faire des sacrifices et prêt à payer le prix pour les voir se réaliser dans votre vie. Essayez de garder uniquement les désirs fondamentaux qui sont essentiels à votre bien-être. Ces désirs essentiels sont fortement ancrés dans votre subconscient et attendent que votre conscient les ACCEPTE pleinement, pour finalement AGIR par des ACTIONS concrètes. Le fait d'avoir écrit ces désirs est le premier pas vers leur réalisation.

IV) Gardez les désirs qui sont positifs pour vous et pour votre entourage. Plus vos désirs serviront à aider votre prochain, plus ils se réaliseront rapidement.

Maintenant que vous savez comment opérer, allez-y ! Prenez votre temps, car vous êtes en ce moment en train de planifier votre vie à venir. Éliminez les désirs superflus et entourez ceux qui peuvent attendre. À la fin de cet exercice, vous aurez besoin de deux feuilles. Sur une de ces feuilles, vous placerez les désirs que vous avez encerclés et sur l'autre les désirs qui demeurent essentiels. Ces derniers sont vos **désirs fondamentaux**, ceux que vous devez réaliser pour être heureux. Les désirs entourés sont des **désirs secondaires**.

Écrivez les trois désirs primordiaux que vous voulez voir se réaliser ici et maintenant dans votre vie. Il est à noter que la concrétisation de certains de vos désirs fera que d'autres seront comblés. Par exemple, si vous cherchez un emploi et que vous l'obtenez, vous serez en mesure de payer certaines dettes ou d'acheter un nouvel ameublement. Si vous suivez un cours de croissance personnelle ou, pourquoi pas, un cours sur le Cristal intérieur, vous vous ferez aussi de nouvelles connaissances.

Pour chaque but atteint, vous purifierez le cristal que vous avez programmé à cet effet et placerez un nouveau désir dans celui-ci. **N'oubliez pas de travailler avec trois désirs à la fois, qui devront être programmés dans trois cristaux différents.** Attendez qu'un de vos buts soit atteint avant d'en choisir un autre ; cela est très important et dites-vous que, souvent, un désir primordial atteint fera que plusieurs de vos désirs secondaires se concrétiseront.

2- Si vous le désirez extrêmement fort

Maintenant que vous savez ce que vous voulez et que vous l'avez programmé dans votre cristal, vous devez être absolument sûr que vous le voulez. Très peu de gens savent faire la différence entre un souhait et un **désir ardent**. La majorité des gens aimeraient bien posséder une chose, mais, au fond, ils se complaisent dans l'idée de ne pas la posséder. Ce sont des rêveurs. VOUS DEVEZ ÊTRE UN CRÉATEUR *POSITIF*.

Si j'insiste sur le mot positif, c'est que nos rêveurs sont aussi des créateurs, mais des CRÉATEURS *NÉGATIFS*. Ils veulent une chose, mais ils passent leur temps à la dénigrer. Ils cherchent l'amour, mais pensent que tous « les hommes et les femmes sont pareils, c'est-à-dire remplis de défauts ». En entretenant un état négatif, ils ne rencontrent pas la personne qu'ils aimeraient vraiment rencontrer. Ils veulent la richesse, mais dénigrent ceux qui sont riches ; ils sont jaloux des sportifs qui gagnent des millions de dollars, ils trouvent que l'argent corrompt et que tous ceux qui se sont enrichis l'ont fait d'une manière malhonnête. Ils ne comprennent pas qu'une partie de leur être intérieur les empêche de s'enrichir **pour que justement, ils ne deviennent pas ce qu'ils dénigrent.** Ils utilisent **avec succès** leurs pouvoirs créateurs, mais de façon négative.

Votre cristal de quartz émet de l'énergie **naturellement**. Il n'a pas à décider si oui ou non il devrait absorber et émettre cette énergie ; **il émet de l'énergie, tout simplement.** Il est en parfaite harmonie avec sa structure et avec son environnement. C'est la raison pour laquelle il est si puissant et qu'il vous donne gratuitement son énergie. Il absorbe votre énergie et attire à vous ce que vous lui transmettez, EXACTEMENT COMME LE FAIT VOTRE SUBCONSCIENT.

Maintenant, vous devez désirer de tout votre être la réalisation de votre désir, de la même manière que notre jeune moine Zen qui cherchait de l'air quand il était maintenu sous l'eau par son maître. Vous devez désirer ardemment obtenir le but que vous vous êtes fixé, de la même manière que notre homme affamé, perdu dans la forêt depuis plusieurs jours, aurait convoité un vieux biscuit. Vous devez ressentir **aussi ardemment votre désir** qu'un homme qui marche dans le désert depuis plusieurs jours, et qui a une soif intense.

Vous pensez peut-être, en souriant, que mes exemples sont exagérés et que vous ne devez pas être si extrémiste pour obtenir ce que vous voulez? VOUS AVEZ TORT! Oseriez-vous empêcher l'homme affamé de prendre le biscuit? Essaieriez-vous d'entraver la route de l'homme assoiffé dans le désert, en l'empêchant de se rendre à la source d'eau qu'il vient d'apercevoir? Lisez l'histoire véridique qui suit et vous comprendrez toute la puissance du désir.

Dans le temps de la féodalité japonaise, un serviteur avait insulté une personnalité politique. Ce haut dignitaire demanda alors au maître de lui livrer son serviteur, ce qui voulait dire qu'il serait condamné à mort. Le maître n'avait pas le choix devant cet ordre officiel.

Il convoqua son serviteur et lui proposa ce marché : « Je n'ai vraiment pas le choix de vous livrer à cet officiel, mais je vous laisse une chance de vous en tirer. Prenez un sabre et battez-vous avec moi. Si vous gagnez, vous pourrez vous enfuir. Si vous perdez, vous ne mourrez pas comme un vulgaire criminel, mais comme un guerrier. » Le serviteur lui répondit : « Mais vous êtes un expert, réputé dans le maniement de cette arme. Vous n'avez jamais perdu de combats. Comment, moi, un serviteur qui n'a jamais tenu un sabre dans mes mains, puis-je penser vous battre? »

Le maître avait toujours voulu se battre avec quelqu'un qui n'avait plus aucun espoir de vivre. Il lui dit : « Qu'avez-vous à perdre? De toute façon, vous n'avez pas le choix, cela vaut la peine d'essayer. »

Le serviteur accepta. Face à face, sabre en main, le combat à mort débuta. Rapidement, le maître se trouva en difficulté. Le serviteur, déchaîné, attaqua de toutes ses forces et dominait le combat, ne laissant aucune chance au maître, qui reculait, débordé par ses attaques ; il se retrouva acculé au mur. Il n'avait plus une seconde à perdre. Avec toute son énergie, le maître poussa un cri et donna un puissant coup de sabre à son adversaire.

Plus tard, le maître dit à ses élèves : « C'est le plus dur combat que j'ai eu à mener. J'ai passé à un cheveu d'être tué par ce serviteur. Je ne vous souhaite pas de combattre contre un condamné à mort qui n'a plus rien à perdre. Imaginez ce que ce serait, si vous engagiez un combat avec un expert dans le même cas!» Un élève lui demanda: «Quand vous avez frappé votre serviteur, avez-vous décelé une faiblesse dans sa concentration?» Le maître avoua: «Non! il n'avait aucune faiblesse. C'est de pure chance qu'il a été atteint. Le *Kiai* (cri puissant en arts martiaux) que j'ai émis m'a peut-être sauvé la vie.»

Sincèrement, auriez-vous voulu affronter un tel adversaire?

Le fait de désirer de toutes ses forces libère une énergie, un pouvoir émotionnel que vous possédez à l'intérieur de vous. Cette force est enfouie dans votre subconscient et, grâce à certains stimuli, elle peut être libérée. Peu de gens savent s'en servir efficacement. Vous connaissez maintenant ce secret qui libérera en vous une force prodigieuse dont vous vous servirez pour atteindre vos objectifs. Le stimulus que vous utiliserez sera votre cristal de quartz combiné avec votre subconscient et votre supraconscient.

Dans l'exemple cité précédemment de la personne qui veut maigrir, elle doit se voir avec ses douze kilos en moins. Elle peut regarder des photos d'elle quand elle avait son poids normal et afficher ces photos un peu partout, sur le réfrigérateur, dans la chambre à coucher, dans le garde-robe, etc. Elle pourrait ainsi découper une photo dans un magazine d'une personne ayant un poids normal et visualiser qu'elle aussi atteindra ce poids. Elle devra visualiser l'image d'elle-même avec son poids normal et l'imprégner dans le cristal. **Si elle n'est pas capable de s'imaginer mentalement avec son poids normal, elle ne retrouvera jamais celui-ci.**

La personne qui désirait posséder sa propre maison devra se la représenter mentalement exactement de la même façon que la maison de ses rêves. Elle se documentera sur les différents styles de maisons et découpera une photo ou un dessin représentant le modèle exact de la maison qu'elle désire. Mais, restez réaliste et choisissez une maison qui convient à vos besoins. Vous ne choisirez sûrement pas une maison de 16 pièces pour une famille de quatre personnes! Placez la photo que vous avez choisie bien en vue et affirmez qu'une maison en tous points semblable à celle-ci ou **meilleure** viendra à vous, selon le plan divin. Cette personne devra arriver à visualiser parfaitement cette maison pour pouvoir insérer cette image dans le cristal.

Tenez votre cristal dans la main gauche, et voyez mentalement l'objet de votre désir. L'image doit être nette et précise dans votre esprit. Vivez **émotionnellement** le moment où vous aurez atteint votre but. Agissez comme si votre but était déjà atteint. Dites-vous que l'objet de votre désir vous appartient, qu'il est à vous, ici et maintenant. Servez-vous d'affirmations positives et visualisez l'énergie de votre cristal qui agit sur le plan astral (dimension des désirs) pour vous amener, chaque jour, plus près de votre but. Dites-vous que vous désirez extrêmement fort la réalisation de ce but et que, grâce à la puissance de votre être, amplifiée par votre cristal, vous obtiendrez votre objectif.

3- Être certain et assuré de le recevoir

CERTITUDE. Vous devez avoir la certitude de recevoir le fruit de votre désir et ce doit être une évidence dans votre vie. **Être persuadé d'une chose c'est être dans un état d'esprit où on ne doute pas, où la crainte de faire des erreurs est inexistante. Vous devez adhérer entièrement à l'affirmation que vous formulez** mentalement quand vous vous voyez avec l'objet de votre désir.

ASSURANCE. L'assurance est le sentiment de sécurité que vous devez développer immédiatement, pour recevoir ce à quoi vous aspirez. Quand vous visualisez avec votre cristal, vous devez ressentir cette émotion : **être assuré que vous atteindrez votre but.** Vous devez vivre dans l'assurance, l'audace et la hardiesse, en ayant le sentiment de cette certitude ou l'intime conviction d'obtenir tout ce que vous demandez à votre cristal. L'expression de votre affirmation amplifiée par votre cristal sera un gage de réussite et vous mènera au succès.

ESPOIR. L'espoir est le fait d'espérer, d'attendre quelque chose avec confiance. Vous devez avoir le ferme espoir de réaliser votre désir. Sans espoir, la majorité des gens, des inventions, des pays n'existeraient pas aujourd'hui. Sans espérance de réussir, Thomas A. Edison n'aurait jamais inventé l'ampoule électrique. Après 5 000 échecs consécutifs, il a concrétisé son désir. Au lieu de voir des échecs, il a affirmé qu'il connaissait maintenant 5 000 manières de ne pas faire une ampoule électrique. Combien de personnes, après plusieurs mois de visualisation, ont abandonné leur pratique sans savoir qu'elles étaient à un cheveu de la réussite.

Abraham Lincoln rata à peu près tout ce qu'il entreprit jusqu'à l'âge de quarante ans. On sait qu'il a accédé à la présidence des États-Unis et qu'il a obtenu beaucoup de succès par la suite. La journée où il a compris le pourquoi de ses échecs, il s'est complètement transformé.

On peut lire dans le livre de Napoléon Hill *Réfléchissez et devenez riche* cette petite histoire très lourde de sens.

M. Darby gagna au jeu une concession d'une mine d'or. Après plusieurs semaines de prospection, il découvrit de l'or. Il retourna chez lui et vendit tout ce qu'il possédait pour acheter du matériel et retourna à sa mine pour forer. Lors du premier chargement d'or envoyé à une fonderie, on lui annonça qu'il possédait une des plus riches mines du Colorado. Mais quelques semaines plus tard, le filon disparut. Les machines continuèrent à forer sans succès. Découragé, il vendit sa concession et le matériel à un prix dérisoire. Le nouveau propriétaire consulta un spécialiste qui découvrit par une analyse du terrain, que le filon d'or continuait à trois pieds des machines où M. Darby avaient cessé de forer. Ce propriétaire fit des millions de dollars.

M. Darby prit cette défaite comme une leçon et ouvrit une compagnie d'assurance-vie. Chaque fois qu'il pensait abandonner devant un insuccès, il se rappelait son échec passé et persévérait. Grâce à cette leçon, bien apprise, il devint millionnaire.

La persévérance, c'est de continuer à faire et/ou d'être ce qu'on a résolu de devenir, grâce à un acte de volonté renouvelé. Sans espoir, il n'y a pas de persévérance. Poursuivez, persistez et acharnez-vous à recevoir ce qui vous est dû.

LA FOI EST LA MAGIE BLANCHE DU POUVOIR

Relisez encore la phrase écrite ci-dessus. Si vous n'avez pas la foi et que vous ne croyez pas aux propriétés de votre cristal, vous ne pourrez jamais obtenir ce que vous voulez. La foi est un outil puissant pour recevoir d'une manière rapide ce que vous désirez. Quand Jésus-Christ affirmait : « Qu'il **en soit fait** selon votre **Foi** », il affirmait l'importance de l'*intensité* de celle-ci.

Ceux qui ne croient pas au pouvoir de la foi sont presque obligés de dire qu'ils l'utilisent dans leur vie, sans même s'en apercevoir. **Notre monde est basé sur la foi.** Nous ne pouvons savoir avec assurance si le soleil se lèvera demain matin. Nous savons que depuis le commencement du monde le soleil se lève le matin, nous avons donc la foi qu'il se lèvera demain.

Vous prenez l'avion. Vous êtes confortablement assis, mais vous ne connaissez pas les mécaniciens ni le personnel qui ont inspecté cet avion. Vous ne connaissez ni les pilotes, ni leur compétence ou leur expérience. Vous avez foi en la compagnie qui engage son personnel et qui entretient leur matériel. Vous êtes confiant d'arriver à destination. Vous ne pouvez pas savoir si vous arriverez ou non, à moins d'être capable de « voir » l'avenir. Mais vous croyez que vous arriverez à l'heure prévue. Si vous affirmez que vous prenez un risque, une chance, vous avez la foi en cette chance, car vous ne monteriez sûrement pas à bord de cet avion si on vous disait qu'il y a 50 % des chances qu'il perde ses moteurs, car cet avion a participé à la Deuxième Guerre mondiale, et il a fait son temps.

Si vous avez choisi une banque en particulier, c'est que vous avez foi en votre banque. Si vous dînez dans tel restaurant, c'est que vous avez foi au cuisinier et à sa nourriture. Vous achetez une voiture, vous avez foi en la marque et sa garantie. Vous vous dites peut-être en ce moment que vous ne croyez pas ce que je dis et que vous ne croyez pas au pouvoir de la foi. Donc, **vous avez foi en ce que vous dites.** Ceux qui disent qu'ils ne croient pas aux valeurs spirituelles mais seulement à la science, ils ont **foi** en celle-ci.

La foi attire la réalisation de votre désir autant que le manque de foi et le doute éloignent ou, du moins, retardent la concrétisation de ce même désir. Maintenant que vous savez comment utiliser positivement le pouvoir de la foi, voyons comment vous pouvez aussi utiliser ce même pouvoir d'une façon négative pour obtenir dans votre vie doutes, malheurs, malchances, désespoirs, peurs, pauvreté, maladies, divorces, etc.

FOI NÉGATIVE

Quand le pouvoir de la foi est inversé, c'est-à-dire utilisé de la mauvaise manière, il attire à lui l'insuccès et l'échec. Vous n'avez qu'à programmer dans votre cristal de quartz les alliés de la foi négative que sont : le doute, l'incrédulité, l'incroyance, la critique, l'infidélité de vos sentiments... En utilisant votre cristal de quartz, vous pourriez amplifier ces émotions pour recevoir vos malheurs beaucoup plus vite. Il est très facile de se trouver des affirmations négatives, étant donné que la majorité des gens ont été programmés depuis leur jeunesse à des dictons tels que :

« La vie est souffrance... »
« Tu es né pour un petit pain... »
« Il faut que tu travailles et te sacrifies toute ta vie... »
« Quand tu es né pauvre, tu restes pauvre... »
« Quand tu es obèse, rien ne peut te faire maigrir... »
« Si tu n'a pas d'argent, tu ne peux réussir... »
« Qui risque gros, perd gros... »
« Si tu as eu cette idée, sûrement qu'un autre y a pensé avant toi... »

Je crois qu'il serait possible d'écrire un livre avec toutes ces programmations négatives. Le manque de foi en ses possibilités éteint la flamme du désir ardent. Autant la foi positive peut vous donner ce qui vous revient, autant le pouvoir inverse d'une foi négative peut attirer à vous ce que vous craignez le plus. En concentrant votre foi sur ce dont vous avez peur, le pouvoir de la foi sera aussi efficace pour attirer à vous ces malheurs. Quand vous dirigez votre foi vers le mal, votre conscient et votre subconscient se remplissent d'images négatives. Ces dernières mettent en action le pouvoir négatif qui agit alors dans une mauvaise direction. Ce pouvoir négatif attirera à vous ce que vous craignez, de la même manière que votre foi positive amène à vous ce que vous désirez obtenir.

Voyez maintenant toute l'importance d'apprendre à diriger le pouvoir de votre foi d'une manière *positive*. Vous avez appris comment travaille votre cristal de quartz, alors renforcez le pouvoir du cristal par le pouvoir de la foi. Grâce à ces pouvoirs combinés, vous recevrez ce que vous voulez, si vous persévérez jusqu'à l'obtention de votre désir.

4- Être toujours préparé et prêt à le recevoir

Jusqu'à maintenant, vous avez programmé un désir précis dans votre cristal, vous avez visualisé, à l'aide de votre cristal, l'émotion et le sentiment intérieurs correspondant au fruit de votre désir. Vous avez appris à avoir une foi totale dans le pouvoir d'obtenir ce que vous voulez, grâce au cristal de quartz et à votre foi combinés. Maintenant vous êtes préparé à obtenir ce que vous désirez.

Cette étape est fondamentale, car si vous n'êtes pas préparé à recevoir ce que vous désirez, vous risquez de perdre de bonnes occasions d'obtenir ce que vous voulez. Si, par exemple, vous désirez faire un voyage dans le Sud avec votre conjoint et que vous avez décidé que c'était votre objectif principal, et que soudainement quelqu'un vous offre une paire de billets d'avion à moitié prix, mais que le départ est seulement dans cinq jours, vous direz sans doute que vous n'êtes pas préparé, qu'il faudrait que vous en parliez à votre conjoint. Vous devrez également trouver quelqu'un pour s'occuper de votre appartement et de votre chat persan ; vous devrez vous procurer des vêtements de voyage, aviser votre patron, bref, vous ratez cette occasion par un manque de préparation.

Vous aimeriez bien vous acheter une automobile car la vôtre n'est plus très neuve. Tout à coup, un ami vous dit que madame X vend son automobile à un prix dérisoire car elle a reçu un héritage important et veut s'acheter une auto neuve. Mais il faut que vous pensiez à trouver quelqu'un ou un garage pour acheter votre auto ; vous devrez vous rendre à la banque pour faire un emprunt, et trouver le temps pour aller voir l'automobile... Vous appelez madame X mais elle a déjà vendu son auto à quelqu'un qui était plus préparé que vous. Vous venez de perdre une magnifique aubaine parce que vous n'étiez pas préparé, donc inapte à réaliser votre désir.

Vous devez préparer le terrain avant d'obtenir ce que vous voulez. Le cultivateur qui ne ferait que semer des graines sur son terrain, sans jamais s'en occuper, n'aurait qu'une maigre récolte. L'année d'après, son terrain serait aride et ne produirait plus rien. Il doit cultiver et préparer son terrain pour recevoir une bonne récolte.

Notre cultivateur doit toujours être prêt à recevoir sa récolte. Que penseriez-vous d'un cultivateur qui a préparé son terrain, semé les graines, entretenu ses terrains et qui se rendrait compte, au moment d'amasser sa récolte, qu'il n'a aucun équipement, ou d'appareils agricoles ni aucune main-d'œuvre pour la récolter ? Notre pauvre petit cultivateur verrait sa récolte pourrir par un manque de préparation.

Un cultivateur expérimenté utilise, sans même le savoir, notre « formule magique ». Pourquoi ? **Parce que cette formule est le processus naturel qu'utilise et qu'a toujours utilisé la nature pour arriver à ses fins.** Peut-être que vous ne vous rendez pas compte de la portée spirituelle de cet énoncé. Quand vous utiliserez maintes et maintes fois cette « formule magique » dans votre vie et que vous observerez toutes les transformations qui s'y produisent, vous comprendrez.

Quand nous utilisons les termes *être prêt* et *préparé,* nous voulons dire par là de préparer un plan précis sur ce que vous voulez obtenir. Vous avez sûrement préparé ce plan lors de la première règle de cette formule où nous discutions de la connaissance exacte de votre désir. Vous devez avoir à la portée de la main ce plan exact et **être prêt à l'éxécuter au moment crucial.**

Quand vous aurez lu ce chapitre à quelques reprises, vous saisirez mieux la raison exacte de toutes vos transformations. Si vous tentez de comprendre cette grande puissance, méditez ceci : **Même la femme la plus ignorante peut concevoir un bébé parfait. Quelle est cette force prodigieuse qui en elle-même et à partir de deux simples cellules peut créer un être si parfait ?** Maintenant que vous avez compris la loi de la formule magique, et que vous l'avez appliquée, continuez à l'appliquer dans votre vie, et efforcez-vous de comprendre comment la nature l'utilise. Cette recherche personnelle éclairera beaucoup d'aspects dans votre vie.

5- Être disposé à faire les sacrifices voulus

Cette dernière règle est la plus importante de toutes les cinq, car, sans elle, les quatre premières resteraient sans effet. Vous savez ce que vous voulez, vous le désirez fortement, vous avez foi de l'obtenir, vous êtes prêt à exécuter le plan précis au moment opportun ; **maintenant, vous devez être prêt à faire les sacrifices nécessaires pour l'obtention de votre désir et à payer le prix nécessaire pour l'acquérir.**

Cette règle est tellement importante qu'elle s'applique à chacune des règles de la formule magique. Sans elle, vous ne pouvez réussir aucune étape. C'est souvent à ce stade-ci que la majorité des gens abandonnent leur quête du succès. Cette étape fera de vous un champion et un gagnant si vous la comprenez bien **et la mettez en pratique.** Cette importante règle fera de vous un perdant ou un « tiède » si vous la comprenez mais ne la mettez pas en pratique.

Malheureusement, beaucoup de gens si proches de la réussite échouent justement à cause d'une mauvaise compréhension de cette règle. C'est ici que nous séparons les rêveurs des créateurs et c'est ici que s'accomplit la réalisation, si vous vous êtes servi de votre **imagination créatrice** ou bien de votre **imagination fantaisiste**. Quelle est la différence entre les deux ?

IMAGINATION CRÉATRICE. C'est le pouvoir qu'a l'esprit de créer mentalement des images à partir de scènes qu'il a déjà vues, et de reconstituer des nouvelles scènes, en assemblant les images fournies par la mémoire.

L'imagination créatrice cherche à créer de nouvelles scènes où elle vous fait agir exactement de la manière dont vous devrez agir au moment voulu. Elle vous fait répéter d'avance le nouveau rôle que vous allez acquérir. L'imagination créatrice est en relation directe avec le subconscient, le supraconscient et les plans supérieurs. C'est par elle que viennent les réponses aux problèmes qui vous assaillent ; c'est aussi elle qui inspire les créateurs, que ce soit des musiciens, des scientifiques, etc. et qui permet de faire des plans précis pour obtenir les plus grands succès.

C'est grâce à cette imagination créatrice que la faiblesse de l'homme sans ressource pour lutter contre son environnement, a la capacité de devenir un homme fort. C'est maintenant l'environnement qui est sans défense contre l'homme.

IMAGINATION FANTAISISTE. Cette faculté fait aussi partie de l'imagination mais celle-ci n'est pas domptée ; la personne a une pensée qui « butine » comme une abeille ; elle va d'une idée à une autre, sans vraiment passer à l'action. **Les pensées imaginaires, extravagantes qui ont peu de chances de se réaliser, cela s'appelle de la fantaisie.**

Si vous voulez posséder plusieurs automobiles, une grosse maison, et des domestiques et que vous vous imaginez obtenir ces biens en gagnant à la loterie, voilà une pensée fantaisiste ! Si vous vous imaginez que vous perdrez des kilos sans changer quoi que ce soit à votre alimentation, vous vous évadez encore dans la rêverie. Il est certain que, de temps à autre, cela peut être reposant de se laisser aller à ses fantaisies, mais il pourrait en résulter une perte de temps. Pourquoi alors, au lieu de rêvasser, n'utilisez-vous pas ce temps à vous servir de votre imagination créatrice et, à l'aide de votre cristal, créer ce que vous voulez vraiment **faire dans la vie** ?

La fantaisie exprime le côté plastique de l'imagination tandis que l'imagination créatrice est positive, active et reproduit ce que vous deviendrez.

Vous aurez continuellement, chaque jour, des choix à faire et des sacrifices qui s'imposeront pour obtenir ce que vous voulez. Ceux qui ont réussi dans la vie, que ce soit des sportifs, des artistes, des hommes politiques, des millionnaires, des étudiants etc., ont sacrifié beaucoup de choses secondaires pour obtenir ce qu'ils voulaient.

Peut-être que certains d'entre vous diront qu'ils n'ont rien à perdre, ne possédant pas d'instruction, ni d'emploi, etc. Mais vous avez la possibilité d'avoir des désirs, vous avez exactement la même cervelle que Albert Einstein, sauf qu'elle n'est pas développée. Vous possédez un outil très précieux pour la développer : votre cristal de roche. Mais ce cristal ne peut rien faire sans vous ; vous devez quotidiennement faire les sacrifices nécessaires et exécuter vos affirm'actions avec votre cristal.

Vous devez, pour réussir à atteindre vos objectifs, **payer le prix** pour les obtenir : éliminer la **procrastination** et développer une **discipline** dans votre vie. Voyons chacun de ces points.

FAIRE DES SACRIFICES

Si vous avez décidé de maigrir, vous devez savoir pourquoi vous souffrez d'embonpoint. Si vous avez suivi la règle numéro 1 qui concerne les connaissances, et si vous avez lu des livres parlant de combinaisons alimentaires, d'autres sur la manière de bien s'alimenter et peut-être avez-vous décidé de consulter des spécialistes pour apprendre à bien manger et à perdre du poids.

Maintenant que vous avez programmé dans votre cristal le désir de maigrir, vous devez faire les sacrifices nécessaires : ne pas tricher, choisir les bons aliments, faire un peu d'exercice, travailler quotidiennement avec votre cristal, prendre le temps de lire vos livres et confectionner vos menus de la semaine, etc.

Vous devez sacrifier les désirs, les sentiments, les émotions et les idées qui s'opposent à votre désir fondamental. Si, par exemple, il y a une bonne émission à la télévision, mais que vous devez travailler sur les objectifs à atteindre pour le lendemain, **qu'est-ce qui est plus important** ?

Vous devrez souvent sacrifier des désirs secondaires ou temporaires pour votre désir à long terme. Vous devrez aussi sacrifier vos temps de loisirs pour d'autres travaux se rapprochant de votre but.

À la fin de ce chapitre, nous vous indiquerons comment construire un cahier spécial pour vous aider à obtenir plus vite ce que vous voulez. Vous connaissez votre désir, vous devez noter dans votre cahier les obstacles que vous croyez devoir vaincre pour atteindre le but que vous vous êtes fixé et ce que vous devez faire pour les vaincre.

PAYER LE PRIX

Vous vous rendez chez un concessionnaire d'automobiles pour vous procurer une automobile. Que devez-vous faire pour l'acquérir ? **Payer le prix, bien sûr** ! Si vous n'aviez rien à débourser pour obtenir un bien, où prendrait-on l'argent pour les fabriquer ? Iriez-vous travailler quarante à cinquante heures par semaine pour une simple poignée de main et un beau merçi ? Bien sûr que non ! Vous resteriez chez vous à prendre un café, sauf qu'il vous aurait fallu construire vous-même votre maison, avec vos propres outils et matériaux, et pour votre café ? Il faudrait exécuter un voyage en Amérique du Sud, construire votre bateau et amener une monnaie d'échange pour obtenir votre café... et le sucre ?...

Le célèbre Emerson a écrit dans un de ses livres : « Il faut donner quelque chose pour obtenir une autre chose. Il faut abandonner quelque chose pour obtenir quelque chose de mieux. » Vous devez donc être prêt à payer le prix, que ce soit monétairement, sous forme de travail, de sacrifice, d'étude, de service, de recherche, de lecture, de cours par correspondance, etc. Vous voulez exceller dans votre compagnie ? Vous devez en payer le prix en étudiant davantage le marché, en acquérant plus de connaissances, en choisissant un bon cours de vente et en continuant à vous motiver. Des cours, ça coûte de l'argent ? **Il faut donner quelque chose pour obtenir quelque chose.**

Vous aimeriez bien vous instruire dans le domaine qui vous intéresse, mais vous n'avez pas le temps. Pourquoi ne pas apprendre à gérer votre temps ? **Vous n'avez pas le temps ?**

J'ai rencontré une personne affairée qui m'a apporté cette objection. Je lui ai répondu que je pouvais lui donner une technique pour apprendre à gérer son temps et à lui « sauver » ainsi plus de 35 % de son temps. Il m'a répondu qu'il aimerait bien, mais qu'il n'avait pas le temps de l'apprendre. **Il faut donner quelque chose pour obtenir quelque chose.**

Je suis professeur de karaté et je sais qu'une personne en bonne condition physique est beaucoup plus productive au travail et ressent moins la fatigue qu'une personne en mauvaise condition. Plusieurs personnes m'ont approché pour me dire qu'elles étaient en mauvaise condition physique et qu'elles étaient fatiguées en rentrant du travail. Je leur conseillais de s'inscrire à un cours de karaté ou de conditionnement physique, ce qui les aiderait à éliminer leur fatigue. Que pensez-vous que la plupart d'entre eux répondaient ? « Je sais bien que ça m'aiderait de faire du conditionnement physique, mais je me sens trop fatigué pour en faire ! » La vraie raison est que ces personnes ne veulent pas **payer le prix.**

Il faut abandonner quelque chose pour obtenir quelque chose de mieux. Pourquoi quelqu'un après avoir fumé pendant des années réussit-il à arrêter du jour au lendemain et d'autres pas ? Parce qu'il veut payer le prix. Il sait qu'en abandonnant cette mauvaise habitude, il obtiendra quelque chose de mieux : la santé, la confiance en lui-même et une économie d'argent. Si quelqu'un veut arrêter de fumer, il doit, en plus de le vouloir intensément, se donner une récompense pour que le prix à payer soit allégé.

Si vous vous apercevez qu'en certains moments le prix à payer est plus lourd que ce que vous obtiendrez, repassez en détails votre désir. Assurez-vous que ce désir vous correspondait vraiment, sinon éliminez-le. Mais avant de l'éliminer, soyez sûr que ce n'est pas par paresse ou par procrastination. Voulez-vous un petit truc pour savoir si ce désir est bien pour vous ? Posez-vous cette question :

« EST-CE QUE J'AI BESOIN DE (désir) POUR ÊTRE HEUREUX ? »

Notez la réponse puis dites-vous ensuite :

« SI JE N'OBTIENS PAS (désir) SERAI-JE MALHEUREUX TOUTE MA VIE ? »

Notez encore la réponse, faites des comparaisons ; vous saurez si vous devez continuer à payer le prix ou si vous éliminerai ce désir.

LA PROCRASTINATION

Quel joli mot, pensez-vous ? Surtout pas. Car ce mot, si vous venez tout juste de l'apprendre, est à éliminer de votre vocabulaire. Vous n'aurez pas seulement à éliminer le mot, mais sa signification. Ce mot veut dire : **tendance à tout remettre au lendemain.** Vous devez attaquer de front ce vilain défaut. Comment ?

Premièrement, vous avez en main, grâce aux règles contenues dans la formule magique, tous les éléments pour réussir. En appliquant cette formule et en la répétant plusieurs fois par jour, vous créerez dans votre subconscient de nouvelles qualités.

En étudiant vos résolutions et en vous fabriquant un cahier spécial, vous classerez tous les travaux que vous effectuerez avec les cristaux. Vous deviendrez enthousiaste en le consultant chaque jour et en y inscrivant vos projets et vos nouveaux objectifs et en constatant ceux que vous avez déjà accomplis. Nous vous expliquerons un plus loin comment procéder.

Deuxièmement, comment se guérir de la procrastination ? *Par la discipline.*

La discipline

Plusieurs font la grimace quand ils entendent ce mot. Trop souvent, ce mot nous fait penser à la discipline militaire ou au professeur qui fait régner le bon ordre dans sa classe. *Le Petit Robert* définit ce terme dans sa signification première : « Sorte de fouet fait de cordelettes, utilisé pour se flageller... » Je ne dis pas de vous flageller quand l'envie de tout remettre à demain vous prend, mais de vous donner un coup de fouet intérieur, en vous rappelant votre désir.

La discipline s'acquiert par la maîtrise de soi. C'est probablement la qualité la plus difficile à maîtriser. Si vous n'apprenez pas à diriger votre être, **c'est votre être qui vous dirigera.** Mais si vous voulez intensément que votre désir devienne réalité, vous aurez de la facilité à vous discipliner. Cette règle de conduite est à la base du succès comme la procrastination est à la base de nos échecs. Souvenez-vous des journées que vous avez perdues en négligeant de faire les efforts nécessaires pour vous approcher de votre but ; ces journées sont irrécupérables. La discipline est une règle de conduite que nous devons renouveler tous les jours et qui vous rapprochera de votre but. Efforcez-vous de vous fixer des buts à court, à moyen et à long terme et d'atteindre un but chaque jour. Par exemple, si vous voulez, à long terme, avoir une santé parfaite, vous pouvez vous donner comme objectifs :

1. Faire trente minutes d'exercice par jour
2. Lire un livre sur l'alimentation

3. Prendre des suppléments alimentaires
4. Faire de la méditation avec votre cristal
5. Équilibrer vos centres énergétiques

Vous déterminez votre but à long terme (être en pleine santé), à moyen terme (finir la lecture du livre, acquérir une alimentation équilibrée comportant des suppléments vitaminiques, acquérir la technique de méditation et d'équilibre énergétique) et à court terme (faire de l'exercice, lire cinq pages de votre livre par jour et méditer 10 minutes le matin et le soir pour combattre le stress). En effectuant ce travail, vous établissez une règle de conduite, une auto-discipline en progressant étape par étape tous les jours. Un jour, quelqu'un de votre entourage vous dira peut-être : « Tu as l'air tellement en forme ! Dis-moi, que fais-tu ? » Vous le lui direz et il vous répondra peut-être : « Ah ! si j'étais discipliné comme toi ! »

Avant de terminer l'élaboration de cette dernière règle, j'aimerais vous donner un petit truc. Avant de faire quoi que ce soit qui est en relation avec votre désir, dites-vous : « **Si je le veux, je le peux et si j'ose, je le fais, et je le fais ici et maintenant.** » En répétant cette phrase, vous créerez une habitude et cette phrase répétée deviendra un automatisme. Quand vous serez en conflit avec votre désir, comme : « Est-ce que telle chose facilite mon succès ou telle autre qui, tout en me donnant du plaisir, m'éloigne de mon but ? » C'est dans ces moments d'hésitation que vous devrez mettre en application l'auto-discipline.

Maintenant, voici le moment venu de vous dévoiler le secret de notre formule. Chaque fois que vous devez accomplir quelque chose se rapportant à votre désir ou à un objectif, dites cette affirm'action très puissante : « SAVOIR, VOULOIR, OSER, PRÉPARER ET LE FAIRE. » Dites-la avec votre cristal ; il amplifiera le message et le transmettra à votre subconscient qui comprendra très bien ce que vous voulez lui communiquer. Car ce que vous lui transmettrez, c'est notre formule magique qui consiste en cinq mots-clefs. Chacun de ces mots contient un puissant pouvoir, leur puissance est proportionnelle à la compréhension que vous avez de chaque règle de notre formule. Ce qui veut dire que plus vous étudierez et comprendrez chacune des règles de notre formule, plus puissants seront ces mots-clefs dans votre subconscient.

SAVOIR : Vous savez ce que vous voulez exactement.
VOULOIR : Vous le voulez extrêmement fort.
OSER : Vous entreprenez une chose avec assurance parce que vous êtes persuadé de la recevoir.
PRÉPARER : Vous êtes préparé à la recevoir.
LE FAIRE : Vous faites exactement ce que vous avez à faire et vous payez le prix.

En résumé, avant d'accomplir toute chose en rapport avec votre désir, vous **affirmez** vos cinq mots-clefs **et vous passez à l'action, immédiatement.**

IMPORTANT : Avant de terminer cette cinquième règle, je voudrais mentionner qu'être disposé à faire des sacrifices ne signifie pas obligatoirement que vous devez abandonner dans votre vie tout ce qui n'est pas en rapport avec vos désirs. Vous devez, par contre, transformer certains désirs qui s'opposent à la réalisation de votre but. Certains sacrifices ne seront que temporaires ; un étudiant doit se livrer à des études au lieu de s'amuser, mais lorsqu'il aura acquis les connaissances requises et atteint la carrière qu'il envisage, il pourra alors prendre le temps de s'amuser.

Vous devez donc respecter vos choix à court et à moyen terme et opter pour des activités qui sont conformes à vos désirs.

LE CULTIVATEUR ET LA FORMULE MAGIQUE

Nous avions mentionné à la quatrième règle de la formule magique l'exemple d'un cultivateur qui utilise sans le savoir notre formule magique. Reprenons l'exemple de notre cultivateur et observons comment il doit appliquer notre formule magique pour obtenir ce qu'il veut.

Le cultivateur doit :

a)...râcler et labourer son terrain ; choisir quelles sortes de récoltes il veut obtenir et semer les graines en conséquence. S'il sème du blé, il récoltera du blé.

Comme lui, vous devez râcler et labourer votre *jardin mental* **pour découvrir la cause de votre mécontentement actuel et ce que vous voulez changer dans votre vie.** C'est la découverte de vos désirs inavoués et de ce que vous aimeriez devenir. Ensuite, vous devez analyser vos désirs et savoir pourquoi vous voulez les obtenir, pour être sûr que ceux-ci sont assez puissants pour se manifester dans votre vie. Vous programmerez exactement ce que vous désirez dans votre cristal.

Cette première étape est très importante, car si, par exemple, vous désirez une automobile pour impressionner votre entourage, vous vous apercevrez qu'après l'acquisition de celle-ci vos proches ne seront pas plus impressionnés, sinon ils le seraient pour **votre auto** et non pour **vous.** Assurez-vous d'être conscient de la raison de votre désir avant de le programmer. **Tout désir qui n'est pas pour soi ne donnera pas la satisfaction que vous espérez.** Par contre, si vous donnez un cadeau à un de vos enfants qui le désirait, **ce geste vous fera encore plus plaisir qu'à lui** ; donc, ce désir était autant pour vous.

b)...désirer exactement le type de récolte qu'il veut obtenir.

Notre cultivateur ne fera pas pousser du maïs s'il déteste cela et préférera plutôt les patates. Il choisira donc ces dernières. Quand il imagine un champ de patates, il trouve cela agréable, mais quand il voit un champ de maïs, il trouve cette image désagréable. D'après vous, s'il devait choisir entre ces deux légumes, avec lequel aurait-il le plus de succès ?

Vous devez désirer extrêmement fort l'objet de votre désir, en étant assuré que c'est bien cela que vous désirez et non autre chose. Il est important qu'il n'y ait pas de conflit à l'intérieur de vous-même. Vous devez être convaincu que vous voulez posséder ce que vous convoitez.

c)...être certain d'avoir bien entretenu son équipement, ses machines agricoles et tout ce qui est nécessaire pour obtenir une bonne récolte. Il doit avoir foi en ses capacités et à la nature.

Vous devez effectuer toutes les étapes nécessaires pour obtenir votre désir. Si le cultivateur s'aperçoit qu'une partie de sa récolte s'assèche, il saura comment réagir car il a foi en son expérience ; sinon, il recherchera de l'aide s'il en a besoin. Vous devez alimenter votre désir quotidiennement et entretenir la certitude, cette foi intérieure qui est la clé du succès.

d)...être prêt, lui, et tous ses équipements ainsi que son personnel, à amasser sa récolte.

Vous devez avoir écrit, non loin de vous, toutes les étapes à suivre quand vous aurez obtenu l'objet de votre désir. Pensez à ce que vous feriez si on vous annonçait que demain matin votre désir se concrétisait. Vous devez savoir et connaître par cœur chaque étape à effectuer pour attirer à vous le fruit de vos désirs. Si vous avez décidé de perdre 30 livres, et que vous les perdez, vous devez être prêt à suivre votre nouveau programme de « maintien de mon poids normal ». Sinon, vous pourriez relâcher votre vigilance et revenir au point de départ à cause d'un manque de préparation.

Si une occasion de réaliser votre désir se présentait, **vous la saisiriez sur le champ** et vous n'auriez rien à préparer puisque vous n'attendiez que ce moment pour mettre votre plan à exécution.

e)...être prêt à se lever dès l'aube tous les matins et être prêt à terminer sa journée très tard pour récolter ce qu'il a semé.

Si notre cultivateur, après tous les efforts qu'il a fournis, décide qu'il ne veut pas faire le sacrifice d'entretenir sa future récolte, préférant s'amuser au lieu de réparer les équipements nécessaires et que, quand sa récolte sera prête, s'il ne veut amasser le

177

maximum de sa récolte, que se passera-t-il ? Il perdra sa récolte. Parce qu'il n'a pas voulu payer le prix du succès, il a perdu les quelques semaines requises pour amasser sa récolte. Même s'il le réalise après ce temps, il sera trop tard car sa récolte sera trop mûre et aura commencé à pourrir. Il devra recommencer à zéro et attendre une autre année. Le cultivateur expérimenté est prêt à s'imposer tous les sacrifices pour obtenir une bonne récolte.

Vous devrez, comme le bon cultivateur, être prêt à faire tous les sacrifices et à payer le prix de votre succès. **Si chaque règle est bien suivie, vous serez aptes à faire les sacrifices requis pour obtenir l'énorme satisfaction que vous obtiendrez quand vos objectifs seront atteints.**

C) PROGRAMMATION DE LA FORMULE MAGIQUE

Vous avez bien étudié les règles de notre formule. Vous les avez lues plusieurs fois pour bien les comprendre. Maintenant, vous devez écrire votre désir en rapport avec chacune de ces règles. Voici un exemple de quelqu'un qui voudrait maigrir et avoir une maison.

Atteindre un poids de (XX) kilos

1. Je sais parfaitement ce que je dois faire pour maigrir.
2. Je désire fortement atteindre un poids normal de XX kilos.
3. J'ai foi en mes possibilités d'atteindre mon poids désiré et je me vois rayonnant(e) de santé.
4. Je suis maintenant prêt(e) à changer ma garde-robe et à acheter les vêtements dont j'aurai besoin.
5. Je fais attention à mon alimentation, je fais de l'exercice et je suis prêt(e) à tout sacrifice pour atteindre mon poids de XX kilos.

Obtenir ma maison de style (X) en banlieue

1. Je sais parfaitement le genre de maison que je désire.
2. Je la désire extrêmement fort.
3. Je suis absolument certain(e) de l'obtenir et j'attends avec certitude le moment d'y emménager.
4. Je sais comment je vais la décorer et l'aménager et j'attends le moment de signer l'acte d'achat.
5. Je suis prêt(e) à payer le prix et, chaque jour, je travaille pour obtenir ma maison.

Vous placez ce papier dans la pochette de votre cristal avec le papier de la programmation de celui-ci. Vous n'avez pas à programmer ces phrases dans votre cristal, l'important est que celui-ci ait été programmé avec la méthode du tableau noir pour le désir final. **Par contre, quand vous lisez cette formule, tenez votre cristal dans la main droite.**

D) LE CRISTAL ET LA FORMULE MAGIQUE

Le cristal, combiné avec la formule magique, vous sera d'une aide précieuse pour obtenir ce que vous voulez car il vous placera en état de résonance avec votre souhait. Nous savons que toutes choses dans cet Univers est en interdépendance, vous êtes donc très près de l'obtention de ce que vous voulez. Il suffit simplement d'y croire pour que le cristal résonne et attire à vous les éléments requis pour cristalliser votre désir. En étudiant très attentivement le chapitre concernant la loi de la résonance et d'interdépendance de toutes choses, vous comprendrez aisément pourquoi ces choses viennent à vous.

Autrefois, on attribuait ce travail à la pratique de la magie, car on ne comprenait pas les lois mises en application. Nous avons vu dans le chapitre consacré à l'évolution de la pensée occidentale que ce principe d'interdépendance des choses ne pouvait s'expliquer avec la mentalité d'un Univers mécanique. Si on croit à cette dernière éventualité, ce que nous faisons est alors de la magie pure puisqu'elle contredit les lois de Newton. Si, par contre, on admet les nouvelles lois de la physique, le travail fait avec le cristal n'est simplement qu'une technique utilisant ces lois, de la même manière que vous branchez votre grille-pain dans une prise de courant pour utiliser l'énergie électrique.

E) CAHIER DE TRAVAIL DE PROGRESSION

Maintenant, inscrivez les effets que vous devrez acheter :

A) UN CAHIER À ANNEAUX
B) UN PAQUET DE FEUILLES MOBILES
C) UNE DOUZAINE DE SÉPARATEURS
D) UN PETIT LIVRET DE POCHE

Vous êtes maintenant prêts à faire votre cahier de travail personnel. Je vous conseille d'y placer, à l'aide d'un ruban gommé, un cristal en plein centre (sur la couverture) que vous aurez programmé avec les cinq mots-clefs de la formule magique. AVANT D'OUVRIR VOTRE CAHIER, VOUS FIXEREZ CE CRISTAL EN RÉPÉTANT LES CINQ MOTS-CLEFS. Faites cela toutes les fois que vous vous servirez de votre cahier.

PLAN DU CAHIER DE TRAVAIL DE PROGRESSION

1. Placez un séparateur intitulé « **désirs fondamentaux** »
2. Placez un séparateur intitulé « **désirs secondaires** »
3. Placez un séparateur pour chaque règle de « **la formule magique** »
4. Placez un séparateur intitulé « **plan d'action** »
5. Placez un séparateur intitulé « **feuille de pointage** »

6.   Placez un séparateur intitulé « **buts atteints** »
7.   Placez un séparateur intitulé « **travaux spéciaux** »
8.   Placez un séparateur intitulé « **observation** »

Maintenant, détaillons chaque section.

1. Dans la première section, inscrivez sur une feuille un, deux ou trois désirs fondamentaux que vous voulez voir se réaliser. Si vous avez plus d'un désir, inscrivez-les sur des feuilles différentes.

2. Cette section sera consacrée aux désirs secondaires. Inscrivez-les, même si vous ne trouvez pas important de les atteindre dans l'immédiat. Quand un de vos désirs fondamentaux sera atteint, le désir secondaire le plus important pour vous montera d'une section pour se placer dans la section 1. Si vous vous trouvez un nouveau désir, placez-le dans cette section.

3. Nous avons ici cinq sections différentes comprenant chacune une règle. Vous inscrivez sur une feuille **désir numéro 1** puis tout ce qui se rapporte à la première règle de votre désir. Faites de même si vous avez un ou deux autres désirs fondamentaux. Puis vous prenez trois autres feuilles (s'il y a lieu), et inscrivez désir numéro 1, 2, 3 dans la section de la deuxième règle et ainsi de suite avec les cinq sections.

4. Dans cette section, inscrivez vos plans d'action à court, à moyen et à long terme. Prenez une feuille pour chaque désir fondamental. N'oubliez pas que le plan d'action, c'est ce que vous devez faire pour actionner ce que vous affirmez. Le **long terme** est le **but atteint**, le **moyen terme**, ce sont les **actions** que vous devez faire pour atteindre votre but et le **court terme** est ce que vous devez **accomplir chaque jour et chaque semaine**.

5. **Cette section, si vous la suivez, vous donnera une puissante confiance en vous.** Prenez une feuille où vous inscrirez tous les jours d'un mois. Inscrivez le mois en grosses lettres ainsi que l'année. Faites un petit carré pour chaque jour.

Chaque jour, après avoir ouvert votre cahier, donnez-vous un pointage que vous inscrirez dans le petit carré prévu à cet effet. Vous pouvez utiliser cette méthode de pointage :

2 points :   pour avoir révisé votre cahier.

2 points :   pour avoir suivi vos buts à court terme.

3 points :   si vous avez fait un ajustement mineur dans votre cahier.

5 points :   si vous avez atteint un but à moyen terme.

10 points :   si vous avez atteint un désir secondaire.

30 points :   si vous avez atteint un désir fondamental.

Notez bien que tous ces points sont cumulatifs. À la fin du mois, faites un grand total et inscrivez-le en grosses lettres. Quand le mois sera terminé, vous placerez la feuille de pointage dans la section 6 : « buts atteints ». Chaque fois que vous regarderez cette section, vous serez fier d'y voir les mois inscrits, les buts atteints et vous serez enthousiaste à l'idée d'y placer un nouveau mois avec un pointage élevé. **Cette technique est de la vraie dynamite.** Vous serez plus fier de ces feuilles que de n'importe quelle plaque de reconnaissance qu'on pourrait vous donner. Imaginez dans cinq ans tout ce qu'il y aura d'inscrit ; ce livre aura une valeur inestimable car votre technique de succès personnel y sera inscrite. Ce cahier de progression pourrait même être une valeur testamentaire pour vos proches, car le succès de votre vie y sera inscrit.

6. Cette section sera réservée pour placer les désirs et les buts à moyen terme que vous atteindrez. Ce sera votre section « trophée personnel ». Chaque jour, où vous regarderez cette section, vous donnera un coup de fouet, car vous aurez l'impression que votre vie a maintenant un sens. Le seul fait de regarder cette section dans une journée de découragement et de lire vos faits accomplis vous redonnera confiance en vos moyens.

À la fin de chaque mois, ayez soin de placer vos feuilles de pointage de progression dans cette section.

7. Cette section sera consacrée aux travaux spéciaux que vous effectuerez avec vos cristaux. Voici quelques exemples :

- Forme-pensée pour aider à guérir une personne.
- Travaux sur les rêves.
- Phénomène spécial obtenu pendant une méditation.
- Ce que vous avez « vu » par voyance.
- Tout travail effectué avec les cristaux, autre que sur vos désirs.

8. Cette section sera réservée à toute observation que vous voulez écrire concernant vos cristaux.

D'autres sections pourront être ajoutées si vous suivez des cours ou séminaires sur le cristal. Vous n'aurez qu'à y insérer d'autres feuilles à la suite de cette série du Cristal intérieur. Je vous conseille vivement d'utiliser ce cahier de travail de progression dans votre vie. Le fait d'écrire vos buts, désirs ou tout autre commentaire active certaines forces puissantes et donne un but à votre vie. Malheureusement, beaucoup de gens n'ont pas de but précis dans la vie et c'est la raison pour laquelle ils se laissent ballotter par celle-ci. Ils se sentent égarés et ne savent plus à quoi se raccrocher ; un jour ou l'autre, ils s'effondrent.

Par contre, beaucoup de gens ont de nobles buts mais ne les écrivent pas ; ils perdent ainsi beaucoup de temps et d'énergie pour se rendre à un point précis. On pourrait les comparer à des personnes qui sont sur un radeau en mer, mais qui ne peuvent pas diriger leur radeau ; s'ils ont des chances de se rendre sur la terre ferme, ce n'est souvent pas l'endroit précis où ils prévoyaient accoster.

Nous avons, enfin, ceux qui écrivent leurs buts et se font des plans précis pour les atteindre ; c'est peut-être vous, si vous suivez la méthode de cahier de travail de progression ! Vous avez un excellent bateau et vous avez les atouts nécessaires pour le diriger à bon port. Si, par contre, vous faites des erreurs de direction, vous pourrez en cours de route rectifier votre cap pour vous rendre précisément où vous le voulez. **Vous avez votre journal de bord et tous les instruments pour vous rendre à votre « Terre promise » ! À vous maintenant de naviguer !**

Prenez la bonne habitude de garder sur vous un petit livret de poche et un crayon. Votre subconscient travaille encore plus que vous, même si vous ne vous en apercevez pas. Votre livret de poche vous sert à noter les idées que vous recevrez des plans supérieurs. Certaines fois, les idées viendront en si grand nombre que vous aurez de la difficulté à les écrire. Dans ce cas, écrivez-les telles qu'elles vous arrivent à l'esprit. Ne jugez jamais ce que votre cerveau vous donne comme renseignements ; **le seul fait de critiquer (cerveau gauche) ce que votre cerveau droit vous donne, vous coupe de l'inspiration reçue.** Vous transférerez ce qui pourrait être intéressant dans votre cahier de travail de progression.

F) LE CRISTAL, L'INTENTION ET LES LOIS QUI LE RÉGISSENT

Il existe dans l'Univers une Énergie-Une de laquelle découlent toutes les autres énergies. Prenons, par exemple, l'eau. Si ses vibrations s'abaissent, elle se densifie pour devenir de la glace. Si nous élevons sa température, elle redevient de l'eau. Si nous continuons à élever ses vibrations, nous obtenons de la vapeur d'eau et au-delà de la vapeur existe l'éther de cette eau.

Nous savons que toute matière, même la plus dense, est animée de vibrations. Si vous prenez votre cristal, il vous semble immobile, mais les électrons qui le composent se déplacent à une vitesse de plus de 300 000 kilomètres à la seconde. Donc, votre cristal est constamment animé et vous ne pourriez vous en apercevoir que si vous l'examiniez à l'aide d'un puissant microscope. Tout l'Univers est animé d'énergie, jusqu'à l'air que nous respirons et la lumière que nous voyons. Tout ce que nous voyons, entendons, sentons, touchons ou goûtons émet une vibration précise, qui fait partie de l'Unité de toutes choses.

Il y a plusieurs degrés de vibrations dans l'Énergie-Une. Chaque degré vibratoire de l'Énergie-Une se confond avec celui qui le précède et celui qui le suit. Nous ne pouvons cerner ce qui les sépare, de la même façon qu'on ne peut pas séparer les couleurs d'un arc-en-ciel, chaque couleur se superposant l'une à l'autre. C'est ce qui fait l'unité de cette énergie.

Maintenant que nous savons que notre pensée est une des formes les plus élevées de cette Énergie-Une, nous prenons sa conscience de la puissance infinie de son énergie. C'est cette puissance que vous focalisez à travers votre cristal. *VOTRE ÉNERGIE ET VOTRE INTENTION ATTIRERA À VOUS CE QUE VOUS VOULEZ*. De là l'importance du cristal, où votre pensée se focalisera à l'intérieur et où celui-ci amplifiera le pouvoir de votre intention.

Nous vivons dans une « mer » d'Énergie-Une dans laquelle passe tous les influx énergétiques. Par sa forme et sa stucture interne, le cristal de roche crée une distorsion de ce flux, une sorte de tourbillon évoluant en spirale. Comme l'A.D.N. transmet son information en une spirale, votre cristal fait de même.

Nous savons maintenant que la télépathie existe (elle a été vérifiée et démontrée si souvent en laboratoire que le contraire serait surprenant). Ces ondes peuvent être dirigées par l'esprit, car il existe un lien supraphysique entre les cristaux et les objets qui viennent en contact avec eux et, enfin, que l'Énergie-Une peut être transmise ou circuler au moyen de ces liens.

De la même manière qu'une petite graine attire à elle tous les éléments énergétiques et matériels pour ensuite devenir une plante, une fleur ou même un arbre, votre intention précise véhiculée à travers votre cristal attirera à vous les éléments énergétiques et matériels pour cristalliser votre désir.

Voici un conseil utile qui vous aidera à accélérer le processus de cristallisation. **Dites votre affirmation à voix haute en la dirigeant à travers le cristal. Vous vous servirez ainsi du pouvoir du verbe.**

3. RÉPONSES AUX QUESTIONS
LES PLUS SOUVENT POSÉES
SUR LE CRISTAL ET SON UTILISATION

Q.- Qu'est-ce que je fais avec mes cristaux entre leurs utilisations ?

R.- Plusieurs possibilités s'offrent à vous. Vous avez en votre possession une pochette pour ranger votre cristal entre les périodes d'utilisation. En même temps, ce sachet protège votre cristal, l'empêche de craquer ou de se heurter à d'autres objets. Il sera aussi protégé contre les influences extérieures qui peuvent entrer en contact avec lui. Un petit coffre de bois, avec du tissu naturel à l'intérieur comme du coton, peut aussi servir à ranger vos cristaux programmés, entre leurs utilisations.

Q.- J'ai plusieurs cristaux dont quelques uns qui ne me servent pas pour l'instant. Que dois-je faire avec ceux-ci ?

R.- La meilleure solution est de les placer dans le sel. Ainsi, vous aurez toujours à portée de la main des cristaux prêts à servir et à être programmés. Si vous voulez faire un cadeau à quelqu'un, votre cristal sera prêt à servir à son nouveau propriétaire. N'oubliez pas que tout cristal qui n'a pas servi depuis longtemps doit être réactivé avant d'être utilisé.

Q.- J'ai un cristal, est-ce qu'il est bon d'en avoir plusieurs ?

R.- Si vous avez des désirs différents que vous voulez voir se concrétiser dans votre vie, oui, il est bon d'en avoir plusieurs. Si vous avez plusieurs objectifs mais qu'ils se rattachent au même désir, vous n'avez pas besoin d'autres cristaux pour réaliser ce désir. Cependant, pour certains exercices, vous aurez besoin de plusieurs cristaux.

Q.- J'ai appris que les cristaux provenant de certaines localités étaient plus puissants que d'autres.
R.- Les meilleurs cristaux viennent de l'Arkansas, aux États-Unis. Il y a à cet endroit beaucoup de mines de quartz. L'Arkansas étant proche d'un centre magnétique, les cristaux sont clairs et hautement énergétiques, mais leur prix est beaucoup plus élevé. Le Brésil fournit aussi de beaux cristaux. Ici-même au Québec, nous avons des cristaux de quartz. Certains sont plus opaques et jaunâtres, d'autres sont transparents. Il y a même une mine au Québec, dans les Cantons de l'Est, les mines Cristal-Kébecine, où on exploite les cristaux de quartz. Ils sont magnifiques et très puissants et peuvent même rivaliser avec ceux de l'Arkansas.

Q.- Devrais-je travailler avec des cristaux polis ?
R.- Certaines pierres quand elles sont polies (comme le diamant) sont plus efficaces et génèrent plus d'énergie. Le danger pour les cristaux de quartz est que si vous ne connaissez pas celui qui a fait le travail lapidaire, vous courez de gros risques. Il peut s'être servi d'un cristal qui avait une terminaison (pointe du cristal) brisée et avoir refait la terminaison manuellement. Votre cristal, n'étant plus naturel, peut avoir perdu sa puissance. Je déconseille pour cette raison tout achat de cristal poli ; utilisez de préférence le cristal brut et naturel.

Q.- Je veux acheter des cristaux. Voulez-vous me donner des conseils pour effectuer un bon choix ?
R.- Avant tout, vous devez déterminer quelle sorte de cristal ou de pierre vous désirez vous procurer. Vous voulez une améthyste, une citrine ou un plus gros cristal de quartz ? Avant d'aller acheter vos pierres, vous devez faire un choix d'après le travail que vous voulez effectuer. Inscrivez sur un papier les pierres que vous voulez obtenir et respectez ce choix. Souvent, après avoir vu l'échantillonnage de pierres de votre vendeur, vous serez tenté d'acheter des pierres dont vous n'avez pas besoin. Mais si une

pierre vous attire vraiment, non pas pour sa beauté mais pour une raison que vous ne pouvez vous expliquer, achetez-la. Vous comprendrez peut-être plus tard pourquoi cette pierre vous attirait.

Un cristal peut être soit complètement transparent ou bien il peut contenir une sorte de neige ou de petits nuages à l'intérieur. Un cristal complètement transparent aura beaucoup d'énergie, tandis qu'un cristal avec des petits nuages à l'intérieur retiendra plus facilement une programmation. Certains contiennent de petites saletés ou d'autres éléments appelés inclusions. Certaines brèches à l'intérieur ou à l'extérieur peuvent provoquer des arcs-en-ciel. Ces couleurs à l'intérieur peuvent charger et donner de l'énergie à votre cristal grâce aux pouvoirs des sept rayons lumineux.

Il est important que la terminaison du cristal ne soit pas brisée. Même si parfois on peut travailler avec un cristal fracturé, l'énergie ne sera pas aussi précise. Évitez-les, car, souvent, le cristal a perdu une partie de son harmonie.

Vous devez vous fier à votre instinct quand vous achetez un cristal. Ne considérez pas seulement sa beauté, mais recherchez le cristal qui vous convient le mieux. N'écoutez que vous, car ce cristal est votre outil de travail personnel. Si vous voulez choisir un cristal pour vous et votre conjoint(e), vous pouvez le choisir ensemble.

Q.- Je sais quels sont les cristaux dont j'ai besoin, mais comment dois-je procéder pour trouver vraiment le ou les cristaux qui me conviennent?

R.- Regardez bien chacun des cristaux que vous aurez devant vous, et interrogez-vous à savoir laquelle de ces pierres semble vous correspondre le mieux. Est-ce que la forme de tel cristal qui vous intrigue plus que les autres? Prenez-le, vous attire-t-il? Est-ce qu'il vous semble plus chaud ou plus froid que les autres? Est-ce qu'un cristal semble briller pour vous plus que les autres? **Fiez-vous à votre intuition.** Si vous ne pouvez vraiment pas choisir, fermez les yeux et ouvrez-les; le premier cristal qui attirera votre attention sera celui que vous devrez acheter.

Ne choisissez jamais un cristal pour son prix seulement. Si un cristal vous attire et qu'il est coûteux, pourquoi ne pas faire une mise de côté. Amassez votre argent et achetez-le par la suite. Plus vous aimez avoir votre cristal en main, plus les résultats obtenus seront satisfaisants et rapides.

Q.- On m'a dit qu'il est préférable de recevoir un cristal en cadeau que de l'acheter soi-même, est-ce vrai ?

R.- Cela est totalement faux ! On confond avec la tradition concernant la boule de cristal. Pour obtenir une boule de cristal, il est préférable de la recevoir en cadeau que de l'acheter soi-même. Par contre, un cristal de quartz est beaucoup plus efficace si vous l'achetez vous-même, car vous devez le choisir. Chaque cristal a son propre rythme vibratoire. Le fait de le choisir vous-même vous met en résonance vibratoire avec le cristal qui a un rythme qui va vous convenir.

Q.- Quelqu'un m'a demandé de lui acheter un cristal et je voudrais lui faire ce cadeau. Comment devrais-je procéder ?

R.- Si vous êtes choisi pour acheter un cristal à une autre personne, pour un groupe ou en offrir un en cadeau, suivez cette opération :

1. Vous êtes face aux cristaux, observez-les.
2. Respirez calmement et relaxez. Fermez les yeux.
3. Centrez-vous (voir le chapitre « Se centrer »).
4. Pensez à la personne ou au groupe de personnes à qui vous dédiez ce cristal.
5. Ouvrez les yeux et choisissez le ou les premiers cristaux où se porte votre regard.

Q.- Est-ce que je peux me servir des cristaux avec les animaux ?

R.- Les animaux aussi peuvent bénéficier de l'énergie du cristal. Si vous avez un poisson, vous pouvez placer un cristal, une petite géode ou un agglomérat de cristaux dans l'aquarium. Cela aura un bel effet décoratif et vous pouvez le programmer pour la santé de ses habitants. Vous pouvez placer un cristal à l'endroit où votre animal favori se couche. Assurez-vous que le cristal ne soit pas à sa portée, car, curieux de nature, il pourrait jouer et l'égarer en dessous de votre sofa (où il ne sera pas très utile). *Veillez à ce que votre animal n'avale pas le cristal.*

Vous pouvez placer un petit cristal sur son collier, mais assurez-vous de lui enlever de temps en temps et de le purifier. Votre animal ne devrait pas porter le cristal continuellement ; enlevez-lui un à deux jours par semaine. Si votre animal est hyperactif, vous pouvez placer une améthyste proche de lui. S'il est trop nerveux, placez un quartz rose. Le quartz rose peut aussi aider un animal nouvellement arrivé à la maison, il l'aidera à s'adapter à sa nouvelle demeure.

Vous pouvez aider votre animal à guérir s'il est malade. Une personne de mon entourage élève des chats persans. Elle possède un quartz de guérison et, chaque fois qu'un de ses chats est malade, elle pointe le cristal dans sa direction. Le chat guérit beaucoup plus vite et prend beaucoup moins de temps à récupérer qu'il le devrait normalement. Il est préférable d'attendre que l'animal soit couché pour travailler sur lui ; ainsi, l'animal non conscient de votre intervention restera tranquille et vous n'aurez pas ainsi à courir après dans la maison.

Il est important de connaître quelle maladie a votre animal et par quels symptômes elle se manifeste. Comme pour un être humain, si vous travaillez sur quelque chose que vous ne connaissez pas, vous ne savez pas l'effet que cela produira. Si votre animal semble manquer d'énergie et que vous vous efforcez d'activer son corps alors qu'il est en période d'incubation d'une maladie, vous pouvez activer cette maladie.

Si vous n'êtes pas sûr de la cause de sa maladie, il est préférable d'amener l'animal chez le vétérinaire. Vous saurez la nature de la maladie de votre animal et travaillerez en conséquence. S'il a un virus, vous travaillerez à détruire ce virus. S'il manque d'énergie, vous lui en donnerez. N'oubliez pas que le corps animal, comme le corps humain, se **guérit de lui-même. Les médicaments ne font qu'accélérer le processus et vous savez que le cristal de quartz a la propriété d'amplifier les énergies.**

Plusieurs personnes se sont aperçues que leur chien ou leur chat aimait se coucher à proximité de leurs cristaux. Quand elles changeaient les cristaux de place, les animaux allaient se coucher où les cristaux avaient été placés.

Il n'en tient qu'à vous de faire profiter vos animaux du règne minéral.

Q.- Une fois, j'étais très stressé et j'avais l'impression que mon stress augmentait. Je me suis souvenu plus tard que j'avais sur moi mon cristal, peut-il en être la cause ?

R.- Si vous travaillez sur vous avec un cristal et que votre travail est stressant, ce travail pourrait amplifier votre stress. À moins que ce cristal (qui devrait être un quartz rose) ait été programmé pour vous libérer de ce stress ; alors, là, ce n'est qu'un problème de programmation. La raison réside en ce que vous avez mal programmé votre cristal de détente. Dans ce cas, reprenez le processus de programmation expliqué au chapitre 3 de la deuxième partie.

Si votre cristal n'a pas été programmé pour la détente, il n'absorbera pas les ondes négatives du stress. Si vous n'avez pas eu le temps de penser à votre cristal, votre cristal amplifiera vos émotions. La conséquence pourrait être très fâcheuse. Vous pouvez perdre votre self-contrôle, être mal en point physiquement et mentalement et vous sentir dépassé par les événements. Cela pourrait même vous causer un mal de tête, comme si un bandeau vous serrait la tête. C'est un signe que l'énergie du 6e et du 7e chakra a été déséquilibrée.

Si cela vous arrivait, pensez immédiatement à votre cristal, détendez-vous et centrez-vous. Respirez calmement et profondément trois fois. Envoyez des pensées d'amour dans votre cristal et... **souriez.** Si cela s'est produit à la suite d'un événement ou vous en vouliez à une personne, réagir négativement ne vous aidera pas, au contraire. **Car c'est sur vous que ces pensées reviennent et vous ne pouvez vous permettre de recevoir ces pensées nocives.**

Que devez-vous faire si, après quelques heures, vous ressentez ces « toxines psychiques » ou que vous avez un mal de tête dû à cette action négative décrite plus haut ? Vous devez, rendu à la maison, vous purifier. Le meilleur moyen est d'effectuer le rituel du bain de mer, indiqué dans le chapitre « Se purifier ».

Q.- Je sais qu'un cristal absorbe et renvoie les sentiments qui y sont concentrés. Quelle est la force la plus puissante qu'on peut y projeter ?

R.- La force la plus puissante qu'il peut absorber et réfléchir est *L'AMOUR*. Quand vous tenez un cristal dans vos mains et que vous y projetez des pensées d'amour à l'intérieur, vous augmentez son champ énergétique. L'Amour est une des plus grandes forces qui existe sur Terre; elle est de nature positive.

Tenez un cristal dans la main gauche, concentrez-vous et ressentez les énergies que dégage votre cristal. Maintenant, centrez-vous, respirez calmement et concentrez-vous. Projetez de l'Amour dans votre cristal. Le cristal absorbant cette vibration pure dans son champ d'énergie, augmentera son taux vibratoire et libèrera de l'énergie que vous ressentirez aussitôt dans votre main. Votre cristal vous a répondu, en y projetant de l'Amour.

Une autre expérience très plaisante à réaliser est de tenir un cristal près du chakra du cœur (au centre de la poitrine) la pointe dirigée vers celui-ci. Respirez profondément, relaxez-vous et soyez bien centré. Projetez à l'intérieur du cristal une forme-pensée d'Amour la plus pure possible. Imaginez la couleur rose (couleur de l'Amour) sortant de votre cristal par sa pointe et se dirigeant dans le centre de votre poitrine. Faites ceci pendant 5 à 10 minutes. Puis, couchez-vous confortablement et méditez sur ce que vous ressentez.

Q.- J'ai appris qu'il ne faut pas toucher ou laisser toucher un cristal par une personne autre que son propriétaire. Si une personne le touche, elle imprime ses vibrations à l'intérieur du cristal. Je suis sceptique, qu'est-ce qui me prouve que cela est vrai ?

R.- LE CRISTAL NE DOIT PAS ÊTRE MANIPULÉ PAR QUI QUE CE SOIT, AFIN D'ÉVITER LE MÉLANGE DE LEURS VIBRATIONS AVEC LA VÔTRE. Beaucoup de personnes ont de la difficulté à imaginer qu'un cristal ou même tout autre objet puisse être imprégné de vibrations.

Quand une personne s'égare en forêt et qu'à l'aide d'un de ses vêtements, un chien la retrouve à des kilomètres, pensez-vous vraiment que c'est à cause de son odorat ?

Pourquoi un chien peut-il trouver de la drogue dans un contenant *scellé* où aucune odeur ne peut être perçue ?

C'est à cause des vibrations émises que le chien les détecte. Le chien a instinctivement la faculté de reconnaître les vibrations émises par des objets. Quand on dit qu'un chien a du flair, c'est une manière de dire qu'il est sensitif.

Préférez-vous croire simplement que notre chien est comme Superman, ou a un supernez ?

Alors comment peut-on expliquer qu'en radiesthésie, science reconnue en U.R.S.S. et ici indirectement, on puisse trouver un objet, une personne, une conduite d'eau ou un minerai à des centaines ou à des milliers de kilomètres de distance grâce à une carte, et sans les voir ? Il y a des milliers, sinon plus, de ces cas répertoriés par la science et si la radiesthésie n'est pas encore une science reconnue comme la physique et les autres sciences en Amérique, ce n'est qu'une question de temps. Un exercice classique en radiesthésie consiste à faire toucher un objet par quelqu'un sans la présence du radiesthésiste. Celui-ci, avec son pendule, pourra dire quel objet a été touché. Il n'y a rien de mystérieux dans cela, le radiesthésiste ne fait que capter les vibrations. Tout bon radiesthésiste vous dira qu'un pendule se terminant par un cristal de quartz est beaucoup plus efficace qu'une autre variété de pendules car il entre plus facilement en résonance avec le travail à faire.

4. VERS UN NOUVEL ÂGE

A) CHACUN VEUT SON PENDENTIF DE CRISTAL

Le pendentif de cristal est très populaire aujourd'hui. Vous n'avez qu'à ouvrir les pages d'un magazine pour y lire des annonces de toutes sortes. Ces publicités promettent chance au bingo, santé, amour, argent et tout le tralala. Vous n'avez qu'à le porter et hop! miracle, vous avez tout! La plupart sont fabriqués en cristal de plomb, moins dispendieux que le quartz. Vous avez appris que le cristal de plomb n'est fabriqué que de vitre et ne possède pas beaucoup de pouvoir. Certains vendent de vrais cristaux, mais ne fournissent aucun mode d'emploi. Ils ne peuvent vous le donner puisqu'ils ne connaissent probablement rien aux cristaux. Mais les cristaux se vendent bien et les commerçants en profitent!

Le véritable danger que cela entraîne pour les consommateurs qui portent ces cristaux est l'ignorance des conséquences que cela entraîne. Ils ne connaissent pas les règles de base, et ignorent qu'il est essentiel de purifier leurs cristaux avant de les utiliser. Un autre risque demeure pour ceux qui connaissent l'utilisation des cristaux, ayant appris quelques bases ici et là. Ils ne se rendent pas compte que, comme dans toute bonne chose, les abus existent. Voyons ensemble la manière de porter un pendentif et à quoi il peut servir.

Généralement, on porte un pendentif sur les centres énergétiques (chakras) ou, ce qui est **très important, entre ceux-ci.** Le cristal « ouvre » vos chakras et énergise votre corps éthérique qui influence à son tour votre corps physique. Plusieurs spécialistes des cristaux vous diront qu'il faut toujours que la pointe soit en bas et d'autres diront que la pointe doit toujours être en haut. La vérité est que ces deux manières sont bonnes. Voyons la différence qui existe entre les deux.

POINTE DIRIGÉE VERS LE HAUT : Si vous faites de la méditation ou des exercices qui stimulent vos centres supérieurs, placez la pointe vers le haut, cela stimulera vos chakras supérieurs. Mais si vous portez continuellement un pendentif avec la pointe en haut, cela stimulera trop votre corps astral. Si celui-ci est trop stimulé, il aura tendance à vouloir « décrocher » ; on dira alors de vous que vous semblez être « dans la lune ». Souvent c'est le cas des lunatiques, ils sont perdus dans les « nuages », ils flottent, ils ne sont pas sur terre. Pour ces personnes, il est recommandé de porter leur cristal la pointe dirigée vers le bas.

POINTE DIRIGÉE VERS LE BAS : Quand un pendentif est porté de cette manière, il a tendance à vous relier à la terre. Il agit comme un *ground* en électricité. Il ouvre les centres énergétiques inférieurs. Étant relié à la terre, vous devenez plus conscient du travail que vous devez effectuer sur cette terre. Vous venez d'en-haut pour travailler ici-bas ; il ne faut pas que vous pensiez constamment à y retourner. Certaines personnes croient sincèrement qu'il faut mener une vie pauvre et ascétique pour se mériter une vie riche et heureuse là-haut. **Vous êtes venu de là-haut pour faire un travail ici-bas, il faut que vous trouviez le juste milieu et le cristal de quartz vous donne une précieuse leçon sur ce travail.**

Si vous possédez un cristal à double terminaison, il fera circuler l'énergie dans les deux sens. Il ouvrira tous les centres énergétiques, mais il concentrera l'énergie à l'endroit où il est placé.

LE PENDENTIF ET LES CHAKRAS

Maintenant, vous devez savoir où placer votre cristal. Vous le placerez directement sur le chakra que vous voulez activer et ouvrir. Vous le placerez *au-dessus ou au-dessous* du chakra que vous devez ouvrir pour effectuer un travail prolongé. Par exemple, disons que vous avez à accomplir la tâche de médiateur qui consiste à faire renouer des liens affectifs entre deux parties en discorde et que ce travail peut prendre beaucoup de votre temps. Vous placerez le pendentif **au-dessous** du chakra cardiaque, la pointe dirigée vers le bas, pour ne pas surexciter l'énergie de ce centre. Si vous faites une méditation et que vous voulez ouvrir le chakra cardiaque, vous le placerez directement sur ce centre, la pointe vers le haut.

On ne doit jamais porter un pendentif sur une base continuelle. Vous devez le porter uniquement quand vous avez un travail spécifique à faire. Choisissez sur quel centre vous devez le placer pour obtenir de meilleurs résultats. Si vous avez un travail à faire en relation avec l'émotivité, placez-le sur le centre du plexus solaire.

Vous devez porter votre pendentif à l'intérieur de vos vêtements, directement sur votre peau, pour qu'il soit en contact direct avec vos centres énergétiques et pour éviter que les curieux, qui trouveront que vous avez un beau bijou, le touchent.

Si vous portez votre cristal continuellement, il pourra se produire un déséquilibre énergétique dans votre corps. Le chakra qui sera toujours activé au détriment des autres sera surexcité. Votre corps ne pourra plus contrôler toute cette puissance et s'affaiblira. Vous serez alors obligé de retirer tout cristal autour de vous pendant 4 à 5 jours et ce temps écoulé, vous devrez effectuer un travail de rééquilibrage de vos chakras. Il est reccommandé pendant ce temps de repos, de vous purifier en prenant des bains de sels de mer.

Vous comprenez maintenant le danger que courent ceux qui portent des pendentifs sans connaître leur utilisation. Ils sont comme une plante malade qui a manqué de soleil. Si vous lui donnez du soleil, elle se revigorera. Mais si vous l'exposez au soleil (ou plutôt à une lumière qui remplace celui-ci) continuellement, vous tuerez votre plante à coup sûr. Elle se dessèchera par une surabondance d'énergie.

Le danger de porter sur soi continuellement un cristal n'est pas aussi grave qu'il en paraît. Les personnes qui portent ces vrais cristaux peuvent s'apercevoir après un certain laps de temps qu'ils ne sont peut-être pas aussi efficaces qu'elles le pensaient, puisqu'ils ne leur apportent que quelques malaises. Intuitivement, elles le jetteront, le remiseront ou le donneront. Ce qui est dommage, c'est qu'il était efficace mais agissait dans le sens inverse à cause d'un manque d'information. **N'oubliez pas la propriété qu'ont les cristaux d'amplifier toute pensée, positive ou négative. Êtes-vous capable de contrôler toutes vos pensées et d'être positif à 100 % pendant toute une journée? Ceux qui portent un pendentif de cristal sans connaître ses propriétés seront menés par leurs sentiments et leurs émotions négatives.**

Pour l'instant, nous vous recommandons de porter un pendentif de cristal qu'avec grand soin. Enlevez-le avant de vous coucher. De temps en temps, purifiez-le, car il amasse beaucoup de vibrations nocives au fil du temps. Il est bon d'éviter de le porter pour quelques jours, et de temps en temps. Suivez votre intuition et soyez toujours conscient que vous portez un cristal de quartz, donc, contrôlez vos pensées.

LE CRISTAL : CROYANCE, MAGIE, OU SUPERSTITION ?

Lorsqu'on parle d'énergies et de cristal, cela peut être considéré par plusieurs comme des procédés magiques. On peut dire que la magie est un autre terme pour désigner la « science » qu'on n'a pas encore comprise. Reculons à l'époque du XVIIe siècle et imaginons que, par un concours de circonstances, nous sommes transportés dans le temps.

Vous êtes assis parmi les plus grands savants et vous assistez à une conférence. Vous vous levez et vous dites que plus tard l'homme inventera une machine de fer qui transportera l'homme sans l'aide de chevaux et pouvant atteindre une vitesse de 200 km/h et même que certaines pourront atteindre la vitesse de 300 km/h et plus. Un savant se lève, se présente devant l'auditoire et dit : « Vous connaissez, mes chers collègues, toutes les recherches que j'ai faites et je vous déclare qu'aucun homme au monde ne pourra résister à une vitesse au-delà de 50 km/h sans que l'intérieur de son corps éclate. Donc, d'après toutes mes recherches, cela s'avère absolument impossible pour quiconque. Cet homme est un fou. » Notre savant s'assoit alors, fier d'avoir dit la vérité. Vous vous levez et vous répondez : « Je ne suis pas fou. L'homme inventera des bateaux en acier qui traverseront les mers et les océans en transportant des milliers de personnes à bord ; certains bateaux iront sous la mer et grâce à une énergie particulière, ils pourront rester des mois sous l'eau. » Fier de vous, vous regardez ces grands savants réunis et vous remarquez la consternation que vous avez provoquée.

Alors un vieux savant, portant une barbe blanche se lève promptement et dit : « Écoutez, chers collègues, on m'a invité ici pour assister à une importante conférence sur la science et le futur. Mon temps est très précieux et je ne peux me permettre de le perdre en écoutant des sottises. Franchement, je crois ici que toute personne, même un enfant de dix ans, sait qu'un objet en fer ne peut flotter. Alors imaginez un bateau, assez grand pour contenir des milliers de personnes, qui traverse l'océan ? Laissez-moi rire ; aussitôt mis à l'eau, il coulerait immédiatement. Et que dire d'un bateau allant sous la mer. Ceux qui savent nager et qui ont déjà plongé en mer savent bien qu'après cinq mètres de profondeur, les oreilles bourdonnent à cause de la trop grande pression. Et puis, comment ces personnes pourraient-elles respirer ? Elles seraient vouées à une mort certaine. Jamais en mille ans l'homme ne pourra inventer de tels appareils. Cet homme est un hérétique. » Et notre homme barbu jugeant inutile de gaspiller son temps quitta la salle.

Vous vous levez, en affichant un air confiant et vous répliquez : « Mes chers savants, je vous demande d'être plus indulgents envers moi. Je vous dis qu'avant même trois siècles, l'homme, à l'aide d'appareils en acier, pourra voler dans le ciel, traverser la Terre en moins de 12 heures, se rendre dans l'espace, marcher sur la Lune et même sur Mars et...» Un homme se lève indigné et rouge de colère : «Cet homme est diabolique. Tout le monde sait qu'un objet plus lourd que l'air ne pourra jamais voler. Personne au monde et même d'ici 10 000 ans ne pourra voler et se rendre jusqu'à la Lune. Emparez-vous de cet homme, il fait commerce avec le démon.» On ne vous laisse même pas le temps de répondre et on se jette sur vous. On vous amène à l'extérieur où on a dressé un bûcher. Malgré vos cris et vos protestations, on vous lie sur un poteau, on y met le feu et hop! dans le bûcher.

Pauvre de vous, vous n'avez même pas eu le temps de leur parler de la radio, de la télévision, du téléphone, des appareils photographiques, de l'ordinateur, des télescopes modernes, des microscopes électroniques, du laser, des fours micro-ondes, des appareils médicaux, des bombes nucléaires, etc.

La prochaine fois que quelqu'un vous traitera d'idiot parce que vous croyez aux énergies que vous contrôlez avec vos cristaux, vous pourrez sourire (intérieurement) à votre tour de leur ignorance. Si quelqu'un vous demande de lui prouver physiquement l'existence de l'énergie de votre cristal (quoi que c'est faisable en frappant deux cristaux ensemble dans un endroit très noir et que c'est assez impressionnant), répondez-lui, du tact au tact, que vous y consentez à la condition qu'il vous démontre à son tour comment est fait l'électricité sans qu'il vous le démontre à l'aide d'un appareil. De plus, demandez-lui de vous donner la preuve que le positif et le négatif existent.

Même au stade avancé de notre science, personne ne peut physiquement vous démontrer ce qu'est l'électricité sans l'aide d'appareil. Nous avons des théories, nous les appliquons pour notre technologie, mais notre savoir s'arrête là. Qui a inventé l'électricité? Cette force a toujours existé, nous n'avons fait que l'apprivoiser. Il en va de même pour l'énergie solaire ; le soleil a toujours été présent, nous ne faisons qu'apprendre à utiliser son énergie.

L'énergie cristalline a toujours existé, existera toujours et nous ne faisons que la redécouvrir. Même si la destruction de toute vie sur Terre advenait, le quartz qui couvre le tiers de notre planète continuerait à émettre son énergie naturelle, sauf que le cristal aurait perdu un allié pour travailler conjointement à rééquilibrer notre planète et ce serait dommage. L'énergie du cristal en interaction avec celle de l'homme peut devenir un outil extrêmement puissant, car l'homme par sa conscience et son libre-arbitre travaille avec l'énergie cristalline et accomplit de grandes choses.

Les cristaux laissés à eux-mêmes n'émettront qu'une énergie qui ne peut servir car elle n'a pas de «conscience». Les cristaux sont comme le chien-guide qui dirige l'aveugle à travers les obstacles. Tout comme ce chien-guide, ils servent d'yeux pour voir dans une autre dimension. Laissez-vous guider par les cristaux, tout en sachant que c'est vous le maître.

B) LE CRISTAL INTÉRIEUR

> *La structure est la forme, et la vie est le*
> *flot d'énergie qui traverse la forme.*
>
> Ra Bonewitz

Le travail avec les cristaux nous aide à nous sensibiliser à l'énergie de la matière et de nous situer par rapport à elle. Vous avez appris que ce n'est pas l'apparence extérieure du cristal qui en fait un outil précieux, mais bien sa structure interne. Aussi, ce n'est pas l'aspect extérieur d'un individu qui en fait une bonne personne, mais bien son être intérieur.

Vous avez sûrement eu l'occasion, en manipulant votre cristal, d'apercevoir votre image dans le cristal, en ce sens que le cristal vous a renvoyé votre image, tel que vous êtes. Mais en réalité dans votre for intérieur, savez-vous qui vous êtes? D'où venez-vous? Où allez-vous? Ces questions vous intéressent-elles? Si oui, le cristal sera un excellent guide et un outil de méditation pour votre recherche. Pourquoi?

Votre cristal a peut-être des millions d'années d'existence. N'a-t-il pas enregistré une quantité considérable d'énergie? Est-ce que l'énergie peut s'enregistrer? Ils possèdent dans leur structure interne un code génétique, de la même manière que nous avons un code génétique qui est l'A.D.N. et qui décide de notre grandeur, notre race, notre couleur de cheveux, nos caractères, etc. Les cristaux sont capables de transmettre les informations qu'ils contiennent à leurs utilisateurs. Avec de la pratique, vous serez apte à recevoir ces informations, même inconsciemment.

Voici une excellente méditation à faire. Vous êtes à la campagne ou à tout autre endroit où la pollution n'obscurcit pas le ciel. C'est la nuit et le ciel est magnifiquement étoilé. Couchez-vous sur le sol avec un cristal dans la main gauche. En observant le ciel, vous apercevez des milliers d'étoiles et derrière elles, vous vous imaginez des centaines de milliards d'autres galaxies contenant chacune des centaines de millions d'étoiles.

« La vie est le flot d'énergie qui traverse la matière. »

Le cristal est vivant et, comme nous, il reçoit la même énergie, l'Énergie-Une. Cette énergie est présente dans tous les règnes de façon évolutive. Cette énergie est présente dans les minéraux qui sont la matière première de la création. Le règne végétal contient le règne minéral en lui. Le règne animal contient le règne végétal et le minéral. L'homme contient ces trois règnes en lui. Donc, à la base, l'homme est aussi constitué de matière minérale. On dit dans la Bible : « L'homme est poussière et il redeviendra poussière. » Le travail du Cristal intérieur est d'« épousseter » cette poussière. Un cristal qui sort de la terre est recouvert de saleté. Après avoir été lavé ou nettoyé dans de l'acide, il voit pour la première fois le soleil et resplendit. La recherche interne que vous apportent les cristaux passe par ce même processus.

Dans le centre de notre cerveau, nous possédons tous une glande qu'on appelle la glande pinéale. Pour les scientifiques et les médecins, cette glande reste un mystère et son fonctionnement aussi. Les initiés et les sages orientaux nous disent que cette glande peut se développer et que lorsque qu'elle est activée, elle apporte la connaissance. Descartes, lui, en faisait le siège de l'âme.

Elle est une excroissance du système nerveux. Elle se présente comme un sac avec une paroi supérieure dépigmentée qui correspond au **cristal**lin, et une paroi centrale pigmentée dont la structure rappelle celle de la rétine. Elle est, en quelque sorte, un « **troisième œil** ». La glande pinéale est liée par une tige au cerveau. Elle est un **transducteur,** ce qui veut dire qu'elle transforme l'énergie lumineuse en influx nerveux. Elle agit semblablement au cristal qui transforme l'énergie photonique (lumineuse) en influx électromagnétique. **En quelque sorte, votre glande pinéale est** *VOTRE CRISTAL INTERNE.*

Les chercheurs et les spécialistes en endocrinologie se demandent s'il s'agit du vestige d'un organe qui a déjà été fonctionnel ou qui le sera dans un temps futur. Les ésotéristes répondent que ces deux aspects sont exacts. La glande pinéale était développée, il y a de cela très longtemps, par une civilisation disparue et sera aussi réactivée dans un temps futur où règnera une civilisation plus « ouverte » spirituellement. Il est possible de développer cette glande par des exercices appropriés très précis et par une certaine manière de vivre. En travaillant avec les cristaux, vous activerez, tout doucement, votre troisième œil.

Le travail avec les cristaux nous amène directement à un travail intérieur, sur soi. Le travail extérieur avec les cristaux nous amène directement au Cristal intérieur.

Le Cristal intérieur, c'est de prendre conscience et de reconnaître en soi ce que nous sommes : pensées, émotions, énergie et corps physique.

Le Cristal intérieur, c'est de prendre conscience des mondes microcosmique et macrocosmique. Nous sommes la seule créature sur la Terre qui puisse observer ces caractéristiques. Il suffit, par contre, de les comprendre.

Le Cristal intérieur, c'est prendre conscience des lois naturelles et des règnes qui habitent avec nous.

Le Cristal intérieur, c'est comprendre que nous sommes tous en interaction et que le véritable travail à accomplir consiste à réaliser pleinement notre vie.

IL EXISTE À L'INTÉRIEUR DE SOI
UNE ÉTINCELLE DIVINE.
CETTE LUMIÈRE EST DE NATURE CHRISTIQUE.

C'EST NOTRE CRISTAL INTÉRIEUR

*Les lecteurs qui aimeraient communiquer avec l'auteur
peuvent le faire en écrivant à l'adresse suivante :*

Gaëtan Sauvé
130 de Verceil, #3
Chomedey - Laval
Qc, Canada
H7M 3J5
(514) 668-9524

Bibliographie

ARON et ARON, *Éléments d'encronologie physiologique*, Éd. Masson, 1950.

BAUDOUIN BERNARD, *Le pouvoir des formes qui nous entourent*, Éd. Tchou, Coll. «La nuit des mondes», 1988.

BIGNARDI PAOLO, *Le livre des minéraux*, Éd. la Boétie, 1978.

BONEWITZ RA, *The Cosmic Crystal Spiral,* Element Books, 1986.

CAPRA FRITJOF, *Le Tao de la physique,* Éd. Sand, 1985.

CAYCE EDGAR, *Atlantis : Fact or Fiction,* ARE press, 1962.

ELMALEH, H., *Glandes endocrines*, Éd. Dunod, 1969.

FONT M.-ALTABA, *L'encyclopédie en couleurs de la Minéralogie,* Marabout Université, 1965.

GAWAIN SHAKTI, *Technique de visualisation créatrice,* Éd. Soleil, 1984.

LOWEN ALEXANDER Dr, *La Bio-Énergie,* Éd. du jour, Tchou, 1977.

MURPHY Dr JOSEPH, *Comment attirer l'argent*, Éd. Dangles, Coll. «Les chemins de l'Éveil», 1982.

NORWEL L. ANTHONY, *Le filon d'or caché au fond de votre esprit,* Éd. Un monde différent, 1981.

PHYLOS, *J'ai vécu sur deux planètes*, Éd. Robert Laffont, 1976.

POCHAN ANDRÉ, *L'énigme de la grande pyramide*, Éd. Robert Laffont, 1977.

REA JOHN D., *Healing & Quartz crystals*, Two trees Publishers, 1986.

SHINN GEORGE, *Les miracles de la motivation,* Éd. Un monde différent, 1981.

SMITH MICHAEL G., *Crystal Power,* Llewellyn Publications, 1987.

SORREL, SANDSTROM, *Roches et minéraux,* Éd. Marcel Broquet, 1981.

SULLIVAN KEVIN, *The crystal handbood,* Armadillo Press Books, 1987.

VOKAER R., *Les glandes endocrines et leurs récepteurs*, Masson & Cie Éditeur, 1967.

WALLY, RICHARDSON J, HUETTL, *Spiritual value of Gem stone,* De Vorss & Company Publishers, 1980.

Achevé d'imprimer
en décembre 1990
MARQUIS
Montmagny, QC